Astro-thérapie

La Sacrée Voix du Saint Bol

méthode pratique d' Astro-thérapie énergétique

(Tome 1)

Le Seigneur Maitreya,
l'Avatar de Synthèse du Nouvel Âge.

Alain Bousquet

* * *

n° ISBN : 978-2-9558485-8-6
Copyright :
(copyrightfrance.com)
Alain Bousquet CYCW2G8

* * *

Table des matières

Remerciements...

À mon épouse et âme jumelle qui foule le Sentier de Lumière à mes côtés et sans laquelle ce livre n'aurait sans doute pas vu le jour.

À ses enfants et petits-enfants, famille de Cœur que j'ai retrouvé dans cette vie et qui m'apprennent tant sans le savoir.

À nos fidèles compagnons félins - nos chats - qui nous font l'immense honneur de nous épauler dans nos tâtonnements.

À tous mes frères et sœurs d'Âme de tous les règnes - de la plus infime conscience habitant un grain de sable jusqu'au plus Grand Être qui anime l'ensemble des Univers - et qui toutes, à leur manière nous aident à nous ouvrir au Divin qui est notre Essence.

Aux Guides de l'Humanité qui nous montrent la Voie de leur infinie patience aimante.

À l' UNIQUE pour Qui nous avons accepté cette Union Sacrée avec la matière.

I. Préambule

En bon Verseau rebelle et révolutionnaire, je ne pouvais rester dans le rang et me plier à la pensée commune de cette société dépassée qui est en train de se désagréger pour laisser la place à la société du Nouvel Âge, celle du Verseau.

Au risque d'en choquer plus d'un, l' Astrologie EST FAUSSE[1] ! Ce N'EST PAS UNE SCIENCE EXACTE ! On ne peut faire de prédictions justes avec l'Astrologie !

L' Astrologie est fausse oui ! Mais le SYMBOLISME ASTROLOGIQUE lui, EST TOUJOURS JUSTE depuis la nuit des temps ! (nous verrons plus loin pourquoi au chapitre V. Fondements de l'Astro-thérapie énergétique).

____

1 *cf le chapitre V. Fondements de l'Astro-thérapie.*

Nous sommes entrés dans l'ère du Verseau depuis quelque temps maintenant et l'humanité réagit de plus en plus à l'influence de ce signe de fraternité, de partage, de conscience de groupe, d'innovation, de nouvelles technologies au service de l'homme, d'ouverture d'esprit, de tolérance, d'intuition, etc.

Oui ! Mais ... le racisme, la délinquance, la violence, le terrorisme, la pauvreté, les différences sont très présentes dans nos vies et jusque dans nos rues. L'ère des Poissons que nous quittons cristallise toutes les formes qui sont maintenant dépassées pour que la Vie, la Conscience de l'Humanité s'en libère pour créer des nouvelles formes plus adaptées, plus justes et plus utiles à la prochaine expansion de conscience que stimule la poussée évolutionnaire de la Grande Vie.

Cet ouvrage, qui se veut être mon humble contribution au Plan Divin tel que je le perçois de mon point de vue forcément limité, traite de ce que j'ai nommé l'Astro-thérapie énergétique.

Je vous propose des exercices simples et faciles à mettre en œuvre pour vous aider à mieux comprendre et réaliser votre mission de vie, la partie du Plan Divin que l'Âme que VOUS ÊTES a accepté d'incarner à travers votre personnalité actuelle et au sein de votre propre existence.

II. Fonctionnement de l'Homme

Dix Propositions de base...

" Dix Propositions de base ... Elles sont, pour moi qui suis un humble travailleur dans la Hiérarchie, ainsi qu'elles le sont pour toute la Grande Loge Blanche, un exposé prouvé de la vérité. Elles doivent être acceptées comme une hypothèse par les étudiants et par les chercheurs :

1. Il y a une seule Vie. Il y a une seule Vie, qui s'exprime essentiellement au moyen des sept qualités fondamentales ou aspects, et secondairement au moyen de la diversité des myriades de formes.

2. Il y a sept Rayons. Ces sept qualités radiantes sont les sept rayons, les sept Vies qui donnent Leur vie aux formes, qui donnent au monde de la forme sa signification, ses lois et son incitation à évoluer.

3. La vie, la Qualité et l'Apparence constituent l'Existence. Vie-Qualité-Apparence, ou esprit-âme-corps, constituent tout ce qui existe. Ils sont l'existence elle-même, avec sa capacité de croissance, d'activité, de manifestation de la Beauté et de la pleine conformité au Plan. Ce Plan est enraciné dans la conscience des Vies des sept rayons.

4. Les sept Rayons sont les Sept forces créatrices. Ces sept Vies, dont la nature est "conscience", et dont l'expression est sensibilité et qualité spécifique, engendrent cycliquement le monde manifesté. Elles travaillent ensemble dans l'harmonie et l'union la plus étroite, et coopèrent intelligemment avec le Plan dont Elles sont les gardiennes.

Elles sont les Sept Constructrices qui édifient le Temple rayonnant du Seigneur, sous la direction du Mental du Grand Architecte de l'Univers.

5. Les sept Rayons se manifestent au moyen des sept planètes. Chaque Vie de Rayon s'exprime principalement par l'intermédiaire de l'une des sept planètes sacrées, mais la vie des sept Rayons s'exprime à travers toutes les planètes, y compris la terre, et qualifie ainsi chaque forme. Sur chaque planète existe une réplique réduite du schéma général et chaque planète se conforme à l'intention et au dessein du tout.

6. Chaque être humain est sur l'un des Rayons. L'humanité, dont s'occupe le présent traité, est une expression de la Vie de Dieu et chaque être humain est venu à l'existence le long de l'une ou l'autre des lignes de force des sept rayons. La nature de son âme est qualifiée ou déterminée par la Vie du Rayon qui l'a "exhalée" et la nature de sa forme est colorée par la vie du Rayon qui, dans

son apparition cyclique sur le plan physique à une époque donnée, impose la qualité de la vie raciale et des formes dans les règnes de la nature. La nature de l'âme ou qualité reste la même pendant toute la durée d'une période mondiale ; la vie de sa forme et sa nature changent d'une vie à l'autre, selon sa nécessité cyclique et selon la condition de groupe environnante. Cette dernière est déterminée par le ou les rayons en incarnation à ce moment.

7. Il y a une Monade, sept rayons et des myriades de formes. La Monade est la Vie, vécue en union avec les Vies des sept Rayons. Une seule Monade, sept rayons et 8des myriades de formes, telle est la structure qui se trouve derrière les mondes manifestés.

8. Les lois de l'évolution incorporent le Dessein de Vie des sept Rayons. Les lois qui gouvernent l'émergence de la qualité ou âme, par l'intermédiaire des formes, sont simplement le dessein mental et la direction de vie des Seigneurs des Rayons. Le dessein de ces derniers est immuable, leur vision est parfaite et leur justice est suprême.

9. L'homme se développe en S'exprimant et en Se réalisant. Le mode de développement pour l'humanité est l'expression de soi-même et la réalisation de soi-même. Lorsque ce processus est terminé, le soi ainsi exprimé est le Soi Unique ou Vie de Rayon, et la réalisation accomplie est la révélation de Dieu en tant que qualité du monde manifesté et en tant que Vie qui se tient derrière l'apparence et la qualité. Les Vies des sept Rayons ou les sept types d'âmes sont vues comme l'expression de la Vie Unique et la diversité est perdue dans la vision de l'Un et dans l'identification avec l'Un.

10. L'individualisation conduit finalement à l'Initiation. La méthode employée pour arriver à cette réalisation est l'expérience,

débutant par l'individualisation et se terminant par l'initiation,produisant ainsi la fusion parfaite et la parfaite expression de la vie-qualité-apparence.

Ceci est un bref exposé du Plan. La Hiérarchie des Maîtres avec ses sept départements (correspondances des sept rayons) est la gardienne de ce Plan, et c'est Elle qui a la responsabilité de réaliser chaque étape de ce Plan, siècle après siècle."

(extrait de "Traité sur les Sept Rayons d'A.A. Bailey selon les enseignements du Maître D.K., membre de la Hiérarchie planétaire).

Existence du Plan Divin

La Source Unique a initialisé le processus créateur en quittant son état naturel non duel et non manifesté en entrant dans la dualité Esprit-Matière. De la relation du couple parental suprême entre l'Esprit et la Matière, au fil du temps et de l'expérimentation, va donner naissance au troisième principe divin : la Conscience – l'Âme.

Le processus d' Involution-Évolution

Pour continuer ses expansions de Conscience, la Source Unique crée plusieurs Vagues de Vie qui ont pour mission de spiritualiser la Matière. De la friction intense entre l'Esprit et la Matière, une nouvelle vague de Conscience prend la forme de la nouvelle "génération" d'Âmes qui au final, retourneront enrichir la Source Unique de leur expérience nouvelle. Au cours de ce processus la Matière devient de plus en plus consciente de sa nature fondamentale divine.

Pour ce faire, l'impulsion divine crée la forme qui lui est nécessaire pour réveiller le Principe Conscient à travers l'expérimentation dans la Matière. La forme sert donc de champ d'expérience volontairement limité ("le cercle infranchissable") à la Conscience.

La Conscience passe par un long processus d'IDENTIFICATION / DÉSIDENTIFICATION à la forme. Au début, elle s'identifie totalement à la forme puis, grâce à l'expérience acquise et peu à peu, elle finit par se désidentifier complètement de la forme pour s'identifier à l'Esprit. C'est le double processus de l' INVOLUTION et de l' ÉVOLUTION.

Le processus d' INVOLUTION - l' Aller - se caractérise par la descente de l'Esprit dans l'incarnation, passant de la Lumière de l'Omniscience à l'Obscurité de l'Inconscience.

Le processus d' ÉVOLUTION - le Retour - quant à lui, se caractérise par le réveil de la Conscience et le retour de l'Âme vers la Source Unique, son Créateur. L'Âme va enrichir cette dernière de l'expérience acquise dans la Matière après l'avoir spiritualiser.

Mais ce processus prend du temps, beaucoup de temps, des éons. Aussi toute forme a donc une durée de vie limitée à la période de temps nécessaire à la Conscience pour apprendre les "leçons" de vie qui lui sont assignées.

Dès que la Conscience a parfaitement assimilé ces leçons et qu'elle a donc dépassé les possibilités d'évolution du champ d'expérimentation que lui proposait cette forme au sein de son incarnation, la Conscience se libère de celle-ci : c'est le processus de retrait de l'Âme – la Mort de la forme dont tous les composants spiritualisés retournent au grand réservoir : le Tout.

L'Âme retourne elle aussi vers l'Esprit jusqu'à la prochaine incarnation pour laquelle elle créera la prochaine forme qui lui sera nécessaire pour poursuivre ses expansions de conscience. Cette nouvelle forme sera donc à la fois plus perfectionnée – pour proposer un champ d'expérimentation plus vaste, plus sensible, plus réactive à son environnement immédiat et plus puissante, plus réceptive à la vibration de l'Âme qui va la diriger, que la précédente.

C'est ce que l'on nomme : vie-mort-résurrection et qui a été enseigné dans toutes les religions de toutes les époques. Ainsi, toute forme créé, qu'il s'agisse d'un être vivant ou d'un règne ou d'un projet, est immanquablement issue d'une impulsion divine et a pour seul but l'expansion de la conscience qu'elle abrite.

" A travers tout l'univers, c'est l'âme qui est le thème sensible et conscient du Plan divin, l'âme en tant qu'Anima mundi, ou âme du monde, animant toutes les formes de vie au-dessous du règne animal; l'âme en tant qu'âme animale et l'extension de celle-ci au corps de tous les animaux, y compris le corps physique humain. L'âme en tant qu'âme humaine, expansion ultérieure du même facteur sensible, mais augmentée et stimulée par le principe de l'éveil du soi ou sensibilité personnelle focalisée dans toutes les expressions de l'âme sub-humaine, et en outre l'éveil (conscient ou inconscient) de l'âme immortelle ou divine et l'âme en tant qu'égo ou âme spirituelle sur son propre plan, source de la conscience en ce qui concerne les trois mondes de l'évolution, et but de tous les processus évolutifs actuels...

... La nature de la forme doit être rendue évidente et l'homme habitué à elle avant que la signification derrière la forme puisse être révélée. L'une des raisons est que la compréhension et les pouvoirs de raisonnement de l'âme sont complets et développés. Mais les âmes, orientées vers l'incarnation et la volonté-desacrifice n'ont pas, pour le moment – à leurs dispositions les formes nécessaires dans les trois mondes capables d'exprimer la connaissance que l'âme possède sur son propre plan et selon sa propre échelle des valeurs. Si la signification intérieure des formes symboliques extérieures d'existence était enregistrée par une forme non préparée (l'instrument de réponse de l'âme dans les trois mondes) et, dans le cas de l'homme impliquant un système nerveux non développé et non préparé, un système glandulaire et un cerveau également non préparés la destruction de la forme par l'énergie de l'âme surviendrait naturellement et l'éclatement de l'expression extérieure en résulterait.

C'est ici que la raison d'être et le but du facteur temps peuvent être notés et employés intelligemment, parce qu'ils impliquent un développement du sens ésotérique parfaitement défini. Il y a d'autres raisons, mais celle-ci suffira. C'est pourquoi dans le processus évolutif, il y a d'abord la forme graduellement préparée, ajustée, alignée et orientée pendant de nombreux siècles ; derrière cette forme active, au fur et à mesure qu'elle s'améliore d'une manière incessante et qu'elle devient plus responsive au milieu et au contact, la conscience s'éveille lentement. Celle-ci, c'est l'âme pensante, intuitive et aimante qui renforce son emprise sur l'appareil de réponse, saisit chaque occasion possible de tout progrès accompli par la forme, et emploie chaque influence pour le perfectionnement du grand œuvre qui est accompli sous la loi du Sacrifice."

(*Ibid.*)

Notion de triplicité divine

La Source Unique se manifeste donc toujours sous une forme triple sur les différents échelons de la Création :

1er aspect divin	2ème aspect divin	3ème aspect divin
1er Rayon de la Volonté ou du Pouvoir	2ème Rayon d' Amour-Sagesse	3ème Rayon de l'Activité ou Adaptabilité ou Intelligence
Vie	Qualité	Apparence
Esprit	Conscience	Forme
Père	Fils	Saint-Esprit
Monade	Âme	Personnalité
Mental	Émotionnel	Physique
Ciel	Homme	Terre

Évolution de la Conscience

Nous venons de voir que la Conscience naît de la relation étroite entre l'Esprit et la Matière. Elle est donc directement issue de la friction intense entre ces deux forces. C'est donc le 3ème Principe Divin – l'Âme – qui va parcourir le très long chemin escarpé du Retour vers la Source Unique et qui va la mener de l'Obscurité la plus profonde – l'Ignorance – vers la Lumière intense de la Connaissance – l'Omniscience divine.

Ce parcours passe par plusieurs étapes bien distinctes et significatives sous l'influence de certains signes zodiacaux particuliers :

- le Cancer (berceau de la vie de la forme - porte ouvrant à l'incarnation physique) → Conscience de masse → Conscience Instinctive ;

- le Lion (berceau de l'individu - formation de l'homme individuel soi-conscient qui émerge hors de la masse dans le Cancer, substituant à la conscience instinctive, la conscience de soi et le sens de responsabilité de nature personnelle) → Conscience Individuelle → Conscience Intelligente ;

- le Capricorne (berceau du Christ - lieu de la "seconde naissance" et apparition de l'âme) → Conscience Spirituelle ;

- le Verseau (mission universelle - serviteur du monde) → Conscience de Groupe → Conscience Intuitive ;

- les Poissons (mission universelle - sauveur du monde) →
Conscience Universelle.

âme	conscience	règnes	qualité	planètes	rayons
âme (Anima Mundi)	inconscience	minéral	structure	Soleil Pluton et Vulcain	7ème
		végétal	sensibilité	Soleil Vénus et Jupiter	4ème
âme groupe	conscience de masse	animal	instinct	Soleil Lune et Mars	6ème
âme	conscience de masse	humain	instinct	Soleil Mercure et Saturne	5ème
	conscience de soi		intellect		
âme réalisée (éveil)	conscience de groupe	spirituel (âmes)	intuition	Soleil Neptune et Uranus	2ème

"Chaque règne de la nature constitue une totalité de vies. Chaque atome, dans chaque forme de la nature, est une vie et ces vies forment les cellules du corps d'un être ou véhicule de manifestation. Il y a un Être incorporé dans chaque règne de la nature. De même que les myriades de vies atomiques, dans le corps humain, constituent le corps d'expression d'un homme et forment son apparence, de même en est-il de cette Vie plus vaste qui adombre[2] le quatrième règne de la nature.

Cette apparence, de même que toutes les apparences, est qualifiée par un type de rayon particulier et elle est déterminée aussi par le principe vital ou aspect esprit.

Ainsi chaque forme est composée par d'innombrables vies présentant une prépondérance pour une certaine qualité de rayon. Ceci est un truisme occulte. Ces vies qualifiées engendrent une apparence phénoménale et constituent une unité sous l'influence du principe intégrant, lequel est toujours présent.

Les quatre règnes de la nature sont les incorporations de quatre grandes vies qui se trouvent chacune sur l'un des quatre rayons mineurs. L'Être qui est la vie du quatrième règne de la nature, le règne humain (considérant ce règne comme un organisme distinct, comme la nature corporelle de l'homme ou personnalité est un organisme distinct, qui peut être séparé de lui en tant qu'âme) se trouve sur le cinquième rayon. L'Être qui, de même, anime le troisième règne ou règne animal, vibre avec le sixième rayon.

L'Être qui est l'expression et la force active de tout le règne végétal, est sur le quatrième rayon."

---

2 *L'Adombrement est le processus par lequel la Conscience d'un Être très évolué – un Maître de Sagesse ou un Logos Planétaire, Solaire ou Cosmique – s'incorpore temporairement dans le véhicule terrestre d'un disciple avec l'accord de ce dernier, dans le but d'enseigner l'humanité ce qui est le cas de tout Avatar à chaque changement d'ère. Jésus-Christ a été l'Avatar débutant l'ère des Poissons. Le Maître Jésus accepta la mission de recevoir simultanément les consciences des Logoï Planétaire et Solaire, pour exprimer l'Amour Divin au sein de l'humanité ; manifestant ainsi dans sa vie humaine, la Trinité, le Trois en UN divin (Note de l'auteur).*

(Ibid.)

Correspondances des règnes dans l'homme

Le règne humain étant le 4ème règne dans le processus d'évolution de la Conscience, il a gardé le meilleur des autres règnes précédents et a pour but de développer les facultés propres au règne suivant, le 5ème , le règne des âmes.

règnes	qualité	correspondance humaine
minéral	structure	ossature – corps physique
végétal	sensibilité	système nerveux – corps éthérique
animal	instinct	désir - corps affectif
humain	intellect	pensée - corps mental

spirituel	intuition	intuition – corps causal

Les différents véhicules de l'homme

aspect divin	plan de conscience :		véhicule :
1er aspect	Monade		monadique
2ème aspect	Âme		causal
			mental abstrait
3ème aspect	Personnalité	Mental	mental concret
		Affectif	astral
		Physique	éthérique
			physique

Anatomie occulte de l'Homme

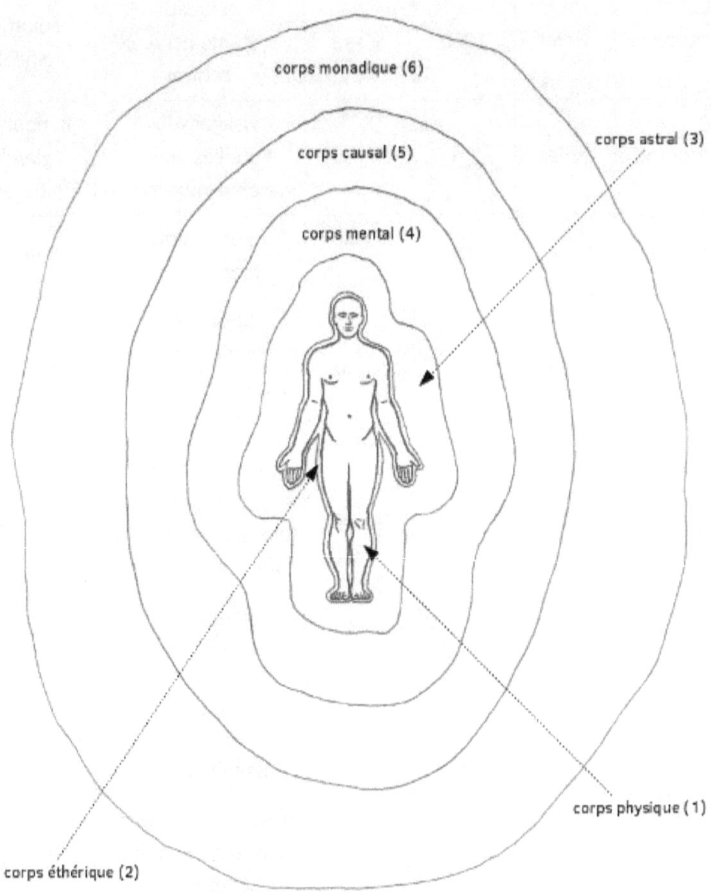

Niveaux de conscience et centres de force majeurs chez l'homme.

centre	couleur	lotus pétales	mot clé	zone corporelle	glande endocrine
couronne	violet	1000	Je sais	cerveau, système nerveux central	épiphyse (pinéale)
frontal	indigo	96	Je vois	visage (yeux, oreilles, nez), système endocrinien	hypophyse glande pituitaire
laryngé	bleu ciel	16	Je communique	gorge, bras, métabolisme	thyroïde
cœur	vert	12	J'aime	thorax, cœur, circulation sanguine, poumons, système immunitaire	thymus
solaire	jaune	10	Je veux	système digestif, système musculaire, foie, vésicule biliaire, rate, pancréas, peau	pancréas
sacré	orange	6	Je ressens	lombaires, abdomen, système reproducteur, système d'assimilation, reins	gonades
racine	rouge	4	Je suis	membres inférieurs, ossature, système lymphatique, système d'élimination (prostate, vessie, côlon)	surrénales

"L'aboutissement soit du côté forme, soit du côté âme, peut être exprimé de la façon suivante, compte tenu des limitations du langage:

SUR LA ROUE QUI TOURNE DANS LE SENS DES AIGUILLES D'UNE MONTRE (du Bélier au Taureau, via les Poissons → pour l'humanité ordinaire)

1. Bélier – Balance. Commencement embryonnaire instable aboutissant à un équilibre entre la nature psychique inférieure et son expression dans la forme. Désir embryonnaire de s'exprimer qui aboutit à la passion de la satisfaction. L'amour inférieur domine.

2. Taureau – Scorpion. Puissant désir inférieur concentré conduisant à la mort et à la défaite. Triomphe de la nature inférieure qui aboutit à un sentiment de satiété et à la mort. L'homme est le prisonnier du désir et, à l'heure de la consommation, il connaît sa prison.

3. Gémeaux – Sagittaire. Interaction fluide et instabilité aboutissant à l'établissement du foyer de la personnalité et à la détermination. L'homme est entièrement consacré à l'objectif poursuivi par la personnalité. La triple nature inférieure, synthétisée et dirigée domine toute l'activité.

4. Cancer – Capricorne. Le besoin de s'incarner conduit à la forme d'incarnation la plus dense et à l'immersion dans la forme. La poussée de la vie de la forme et le processus de concrétion dominent. L'homme arrive à un point de cristallisation après de nombreuses incarnations.

5. Lion – Verseau. L'individu cherche sa pleine expression et arrive finalement au point où il utilise son propre milieu à des fins purement individuelles. Il domine son prochain en vue de la poursuite d'objectifs purement personnels. L'individu isolé devient le chef de groupe ou le dictateur.

6. Vierge – Poissons. La matière vierge attire l'âme et la Mère divine devient plus importante que le fils; la vie de l'âme est cachée.

*SUR LA ROUE QUI TOURNE DANS LE SENS INVERSE DES AIGUILLES D'UNE MONTRE (du Bélier aux Poissons, via le Taureau →
concerne les Disciples et les Initiés)*

1. Balance – Bélier. L'équilibre atteint au point de repos suscite l'impulsion mentale qui permettra la domination de l'âme. La passion est transmuée en amour et le désir initial du Bélier devient la pleine expression de l'Amour-Sagesse. Le désir de se manifester devient l'aspiration à être.

2. Scorpion – Taureau. Victoire finale de l'âme sur la forme. La mort et l'obscurité se révèlent comme vie et comme lumière, comme résultat de l'action réciproque de cette énergie. La sombre nuit de l'âme devient le soleil radieux.

3. Sagittaire – Gémeaux. Le résultat de l'association de cette paire d'opposés est l'effort concentré de l'âme, l'activité dirigée spirituellement, et l'aptitude démontrée pour l'initiation. Il y a diminution du pouvoir de la forme et accroissement de la vie de l'âme.

4. Capricorne – Cancer. L'initié choisit maintenant de s'incarner et passe librement et à volonté au travers des deux portes. L'emprise de la matière est remplacée par le libre choix de l'âme. La vie de la forme devient une méthode d'expression consciente en vue du service.

5. Verseau – Lion. Les intérêts de la personnalité en tant qu'expression de l'individu sont submergés en faveur du Bien Commun. L'homme individuel égoïste devient le serviteur du monde. Les sommets du service caractérisé sont alors atteints dans les deux signes.

6. Poissons – Vierge. La forme révèle et libère l'âme de sa demeure. Le Sauveur du monde apparaît et nourrit les âmes cachées dans la Vierge.

Vous noterez que, lorsque la poussée des énergies qui s'épanchent au travers des signes du zodiaque intervient en vue de l'expression de la forme, le résultat de l'action réciproque entre les signes opposés aboutit à quelque aspect d'affirmation de la personnalité, aspect grandement déterminé par le rayon de la personnalité.

Lorsque la tendance de la vie est retirée de la forme, et que l'âme est en voie de se révéler, il y a alors une mise en évidence de l'âme ou de l'égo ; ceci encore est déterminé quant à sa qualité, par la nature du rayon de l'âme. Ici encore apparaîtra la nécessité de connaître le point atteint dans son évolution par l'individu dont l'horoscope est établi."

(extrait "Traité sur les Sept Rayons - Astrologie ésotérique" A.A. Bailey).

« Et la Parole dit :

SUR LA ROUE QUI TOURNE DANS LE SENS DES AIGUILLES D'UNE MONTRE *(du Bélier au Taureau, via les Poissons → pour l'humanité ordinaire)*	
Poissons	"Va dans la matière."
Verseau	"Que le désir dans la forme gouverne."
Capricorne	"Que l'ambition règne et que la porte soit ouverte."
Sagittaire	"Que l'aliment soit cherché."
Scorpion	"Que Maya[3] fleurisse, et que la déception règne."
Balance	"Que le choix soit fait."
Vierge	"Que la matière règne."
Lion	"Que d'autres formes existent. Je gouverne."
Cancer	"Que l'isolement soit la règle, et cependant la foule existe."
Gémeaux	"Que l'instabilité fasse son œuvre."
Taureau	"Que la lutte se poursuive sans crainte."
Bélier	"Que la forme soit à nouveau recherchée."

---

3   *« Maya » est le terme utilisé pour qualifier le mirage qu'exerce le matérialisme sur l'Homme.*

« Et la Parole dit :

SUR LA ROUE QUI TOURNE DANS LE SENS INVERSE DES AIGUILLES D'UNE MONTRE (*du Bélier aux Poissons, via le Taureau → concerne les Disciples et les Initiés*)	
Bélier	"J'avance et je régis du plan mental."
Taureau	"Je vois, et quand l'œil est ouvert, tout est illuminé."
Gémeaux	"Je reconnais mon autre moi, et dans l'effacement de ce moi Je croîs et luis."
Cancer	"Je bâtis une maison illuminée et l'habite."
Lion	"Je suis Cela et Cela c'est Moi."
Vierge	"Je suis la Mère et l'Enfant, Moi, Dieu, je suis matière ."
Balance	"Je choisis la Voie qui conduit entre les deux grandes lignes de force."
Scorpion	"Je suis le Guerrier et je sors triomphant de la bataille."
Sagittaire	"Je vois le but. Je l'atteins et en vois un autre."
Capricorne	"Je suis perdu dans la lumière transcendante et je tourne le dos à cette lumière."
Verseau	"Je suis l'eau de Vie versée pour ceux qui ont soif."
Poissons	"Je quitte la maison du Père, et en revenant je sauve."

Les 7 Rayons d'énergie

Les sept rayons peuvent être subdivisés en trois rayons d'aspect et quatre rayons d'attribut :

RAYONS D'ASPECT			RAYONS D'ATTRIBUT
1er Rayon de Volonté ou de Pouvoir	2ème Rayon d'Amour-Sagesse	3ème Rayon d'Activité ou Adaptabilité	4ème Rayon d'Harmonie par le Conflit
			5ème Rayon de la Connaissance concrète ou de la Science
			6ème Rayon de l'Idéalisme abstrait ou de la Dévotion
			7ème Rayon de la Magie rituelle ou de la Loi

"Ces noms sont simplement choisis parmi beaucoup d'autres et caractérisent les différents aspects de force par lesquels le Logos se manifeste.

Les trois Rayons d'Aspect constituent la totalité de la manifestation divine et sont dans leur totalité, la Déité manifestée, le Mot en incarnation. Ils sont l'expression du dessein créateur et la synthèse de la vie-qualité-apparence. Ils sont actifs dans chaque forme de tous les règnes et déterminent les vastes caractéristiques générales qui gouvernent l'énergie, la qualité et le règne en question; c'est par eux que les formes différenciées viennent à l'existence, que les vies spécialisées s'expriment et que la diversité des agents divins accomplissent leur destinée dans le plan d'existence qui leur est attribué.

C'est le long de ces trois courants de force de vie qualifiés que les opérations créatrices de Dieu se manifestent puissamment, et c'est grâce à ces activités que chaque forme est pourvue de cet attribut évolutionnaire intérieur qui doit finalement le mettre en ligne avec le dessein divin, produire inévitablement ce type de conscience qui doit donner à l'unité phénoménale la capacité de réagir à son milieu et ainsi d'accomplir sa destinée comme part intégrante du tout. C'est ainsi que la qualité intrinsèque et le type spécifique de radiation devient possible. L'interaction de ces trois rayons détermine l'apparence phénoménale extérieure, attire l'unité de vie dans l'un des règnes de la nature et dans l'une ou l'autre des myriades de divisions de ce règne.

Le processus sélectif et discriminateur se répète jusqu'à ce que nous ayons les multiples ramifications dans les quatre règnes, les divisions, les groupes dans les divisions, les familles et les branches. Ainsi le processus créateur, dans sa merveilleuse beauté, sa séquence et son développement apparaît à notre conscience qui s'éveille, et nous restons frappés d'étonnement et troublés par la facilité créatrice du Grand Architecte de l'Univers. Sur le plan symbolique et en simplifiant ainsi le concept cela donne:

- le 1er Rayon incorpore l'idée dynamique de Dieu et que c'est ainsi que le Très Haut commence son travail de création.

- le 2ème Rayon est utilisé dans les premières formulations du plan sur lequel la forme doit être construite et l'idée matérialisée ; et c'est par l'entremise de cette seconde grande émanation que les épures sont réalisées dans leur exactitude mathématique, leur unité de structure et leur perfection géométrique. Le Grand Géomètre prend la direction et rend le travail des Constructeurs possible. Le second Rayon est celui du Maître Constructeur.

- le 3ème Rayon constitue l'ensemble des forces actives de construction, et le Grand Architecte, avec ses Constructeurs, organise le matériel, commence le travail de construction et finalement (tandis que le cycle d'évolution se poursuit), matérialisera l'idée et le dessein de Dieu le Père, sous la direction de Dieu le Fils.

Toutefois ces trois Êtres sont une unité, de même que l'être humain qui conçoit une idée, utilise son esprit et son cerveau pour amener cette idée en manifestation, et emploie ses mains et toutes ses forces naturelles pour parfaire sa conception. La subdivision en aspects et en force est irréelle, sauf dans le but d'en donner une compréhension intelligente.

Les Quatre Rayons d'Attribut ou dits mineurs est d'élaborer ou de différencier les qualités de la vie et de produire ainsi la multiplicité infinie des formes qui doit permettre à la vie d'occuper ses multiples points focaux et d'exprimer, au moyen de la manifestation évolutive, ses diverses caractéristiques.

Les énergies en lesquelles les trois se distribuent, devenant ainsi sept, produisent à leur tour les quarante-neuf types de force qui s'expriment à travers toutes les formes dans les trois mondes et les quatre règnes de la nature. C'est ainsi que vous avez :

a. Trois groupes monadiques d'énergies. L'unité essentielle exprime, à travers ces trois, les qualités de Volonté, d'Amour et d'Intelligence.

b. Sept groupes d'énergies qui sont les intermédiaires à travers lesquels les trois groupes majeurs expriment les qualités divines.

c. Quarante-neuf groupes de forces auxquelles toutes les formes répondent et qui constituent le corps d'expression pour les sept, qui, à leur tour, sont les reflets des trois qualités divines."

Caractéristiques des Rayons

PREMIER RAYON DE VOLONTÉ OU POUVOIR

Vertus spéciales: force, courage, fermeté, fidélité résultant d'une absence absolue de crainte, pouvoir de gouverner, capacité de saisir les grandes questions avec un esprit large, de manier les hommes.

Vices du Rayon: orgueil, ambition, entêtement, dureté, arrogance, désir de dominer les autres, obstination, colère.

Vertus à acquérir: tendresse, humilité, sympathie, tolérance, patience.

On le décrit comme Rayon du Pouvoir, il porte donc bien son nom, mais s'il n'était que pouvoir, sans sagesse ni amour, il ne serait qu'une force destructrice et désintégrante. Mais lorsque ces trois facteurs caractéristiques se trouvent réunis, il devient un rayon créateur et gouverneur. Ceux qui se trouvent sur ce rayon ont une grande force de volonté, soit pour le bien soit pour le mal (...).

SECOND RAYON D'AMOUR-SAGESSE

Vertus spéciales: calme, force, patience et endurance, amour de la vérité, fidélité, intuition, intelligence claire et caractère serein.

Vices du rayon: se laisser trop absorber par l'étude, froideur, indifférence à l'égard d'autrui, mépris des limitations mentales chez les autres.

Qualités à acquérir: amour, compassion, désintéressement, énergie.

On appelle ce rayon, rayon de la sagesse à cause de son désir particulier pour la connaissance pure et la vérité absolue. Il est froid et égoïste s'il est privé d'amour, et inactif s'il est privé de pouvoir. Mais lorsque pouvoir et amour sont présents, c'est le rayon des Bouddhas et de tous les grands instructeurs de l'humanité, de ceux qui, ayant atteint la sagesse pour le bien des autres, se dépensent pour la répandre (...).

TROISIÈME RAYON DU MENTAL SUPÉRIEUR

Vertus spéciales: vues larges sur toutes les questions abstraites, sincérité des intentions, intellect clair, capacité de concentration sur les études philosophiques, patience, prudence, absence de cette tendance à se tourmenter pour soi-même, ou pour les autres au sujet de bagatelle.

Vices du rayon: orgueil intellectuel, froideur, isolement, imprécision quant aux détails, distraction, entêtement, égoïsme, critique exagérée d'autrui.

Vertus à acquérir: sympathie, tolérance, dévotion, précision, énergie, bon sens.

Ce rayon est celui du penseur abstrait, du philosophe et du métaphysicien (...).

QUATRIÈME RAYON, D'HARMONIE PAR CONFLIT

Vertus particulières: grandes affections, sympathie, courage physique, générosité, dévotion, vivacité de l'intellect et de la perception.

Vices du rayon: égocentrisme, tendance à se tourmenter, imprécision, manque de courage moral, fortes passions, indolence, extravagance.

Vertus à acquérir: sérénité, confiance, contrôle de soi-même, pureté, désintéressement, précision, équilibre mental et moral.

Ce rayon a été dénommé celui "de la lutte" parce que les qualités de rajas (activité) et de tamas (inertie) y sont en proportions si étrangement égales que la nature de l'homme du quatrième rayon est déchirée par leur combat: lorsque l'issue en est satisfaisante on parle "de la naissance d'Horus", du Christ né des douleurs et des peines incessantes.

Tamas incline à l'amour des aises et du plaisir, à détester, jusqu'à la lâcheté morale, de faire de la peine, à l'indolence, à la remise à plus tard, au désir de laisser les choses telles qu'elles sont, à se reposer, à ne pas se préoccuper du lendemain. Rajas est ardent, impatient, toujours poussé à l'action. Ces forces en contraste dans la nature de l'homme du quatrième rayon font de sa vie une agitation et une guerre perpétuelle; la friction et l'expérience gagnées de ce fait peuvent produire une évolution très rapide, mais il peut en résulter aussi bien un vaurien qu'un héros (...).

CINQUIÈME RAYON DU MENTAL INFÉRIEUR

Vertus spéciales: notions strictement précises, justice (sans merci), persévérance, bon sens, droiture, indépendance, intelligence vive.

Vices du Rayon: critique dure, étroitesse d'esprit, arrogance, caractère ne sachant pas pardonner, manque de sympathie et de respect, préjugés.

Vertus à acquérir: respect, dévotion, sympathie, amour, largesse d'esprit.

C'est le rayon de la science et de la recherche. L'homme de ce rayon possède une intelligence claire, une grande précision dans le détail, il ne reculera pas devant d'inlassables efforts pour remonter à la source du plus petit fait, et pour vérifier chaque théorie. Il est en général très fidèle fournissant de claires explications des faits; bien qu'il soit parfois pédant et ennuyeux par son insistance sur des détails insignifiants et inutiles. Il est ordonné, ponctuel, capable en affaires, détestant les faveurs et les flatteries (...).

SIXIÈME RAYON DE LA DÉVOTION

Vertus spéciales: dévotion, unité d'intention, amour, tendresse, intuition, loyauté, respect.

Vices du Rayon: amour égoïste et jaloux, appui exagéré sur autrui, partialité, tendance à la déception, sectarisme, superstition, préjugés, conclusions prématurées, violentes colères.

Vertus à acquérir: force, sacrifice de soi, pureté, vérité, tolérance, sérénité, équilibre et bon sens.

C'est le rayon dit de la dévotion. L'homme de ce rayon est rempli d'instincts et d'impressions religieuses; il a des sentiments personnels intenses, rien n'est pris normalement. A ses yeux les choses sont parfaites ou intolérables; ses amis sont des anges, ses ennemis tout le contraire; dans les deux cas, son point de vue ne dépend pas des mérites intrinsèques des uns ou des autres, mais de la manière dont les personnes lui plaisent, de la sympathie ou du manque de sympathie qu'elles témoignent pour ses idoles favorites, concrètes ou abstraites, car il voue sa dévotion aussi bien à une cause qu'à une personne. Il lui faut toujours un "Dieu personnel" une incarnation de la Divinité à adorer. Le meilleur type de ce rayon donne un saint, le pire produit un bigot ou un fanatique, le type du martyr ou de l'inquisiteur. Toutes les guerres de religion, les croisades, sont nées d'un fanatisme du sixième rayon (...).

SEPTIÈME RAYON DE

L'ORDRE CÉRÉMONIEL OU DE LA MAGIE

Vertus spéciales: force, persévérance, courage, courtoisie, grand soin dans les détails, confiance en soi.

Vices du Rayon: formalisme, bigoterie, fierté, étroitesse d'esprit, jugement superficiel, trop d'indulgence pour l'opinion personnelle.

Vertus à acquérir: réalisation de l'unité, élargissement de l'esprit, tolérance, humilité, gentillesse et amour.

C'est le rayon du cérémonial, le rayon qui fait qu'un homme prend plaisir à "tout ce qui se fait décemment, en ordre", et selon la règle et la coutume (...)."

(extrait de "Traité sur les Sept Rayons – Psychologie Esotérique - Volume I et II"
d'Alice A. Bailey).

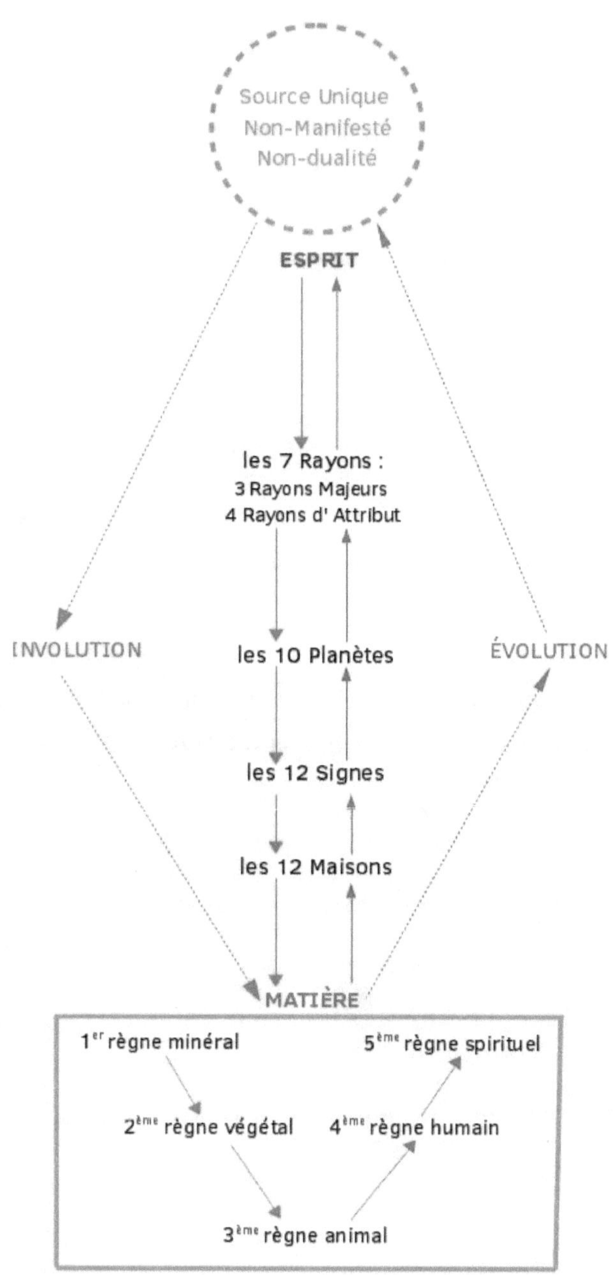

Source Unique
Non-Manifesté
Non-dualité
ESPRIT
les 7 Rayons :
3 Rayons Majeurs
4 Rayons d' Attribut
INVOLUTION
les 10 Planètes
ÉVOLUTION
les 12 Signes
les 12 Maisons
MATIÈRE
1er règne minéral
5ème règne spirituel
2ème règne végétal
4ème règne humain
3ème règne animal

- Liens -

- Pour plus de renseignements sur l'Enseignement des Rayons, je vous invite à visiter le site de Patrice Brasseur :

http://www.psychosophie.com/conferences-lhumanite-creatrice/
dossier : Conférences 2000 - Les 7 Rayons

et d'écouter ses conférences sur les Sept Rayons et leur impact sur la vie humaine tant sur le plan de l'individu que sur celui de la société.

- Voir aussi mon autre ouvrage : « *Les Sept Rayons de Vie : traité pratique de Psychologie Ésotérique»* sur Amazon et TheBookEdition, dans lequel je propose un test de personnalité permettant de déterminer sa propre carte des rayons.

- Alice Ann Bailey a écrit plus d'une vingtaine d'ouvrages traitant d'occultisme et d'ésotérisme, la majeure partie sous la dictée télépathique du Maître tibétain Djwal Khul (D.K.) - membre éminent de la Hiérarchie Spirituelle qui guide la race humaine sur les plans invisibles depuis Shamballa - ainsi que des articles qui furent publiés par le Lucis Trust, organisation spiritualiste mondiale qu'elle fonda en 1922 avec son époux : Foster Bailey et quelques amis.

Le Lucis Trust est à l'origine de nombreuses activités de Service Mondial sous l'inspiration de la Hiérarchie Spirituelle de la planète : https://www.lucistrust.org/fr/

- le développement de la Bonne Volonté Mondiale ;

- le réseau mondial des Triangles ;

- la diffusion de la Grande Invocation ainsi que de la Journée Mondiale de l'Invocation ;

- l'École Arcane (école ésotérique proposant un entraînement au Discipulat).

III. Les bases astronomiques de l'Astrologie

La bande zodiacale

D'un point de vue héliocentrique, la Terre tourne autour du Soleil, déterminant ainsi son plan orbital. Il lui faut 1'année pour accomplir un tour complet. En même temps, elle tourne sur elle-même (autour de son axe de rotation incliné de 23°45 par rapport au plan de son orbite) en 24 h, avec un mouvement semblable à celui d'une toupie.

On sait par ailleurs que les planètes du système solaire ne décrivent pas leur orbite exactement dans le même plan que celui de l'équateur solaire. C'est pourquoi on a défini une bande zodiacale qui s'étend de part et d'autre de l'écliptique et à l'intérieur de laquelle les planètes se situent, à l'exception de Pluton, dont le cas particulier sera examiné plus loin.

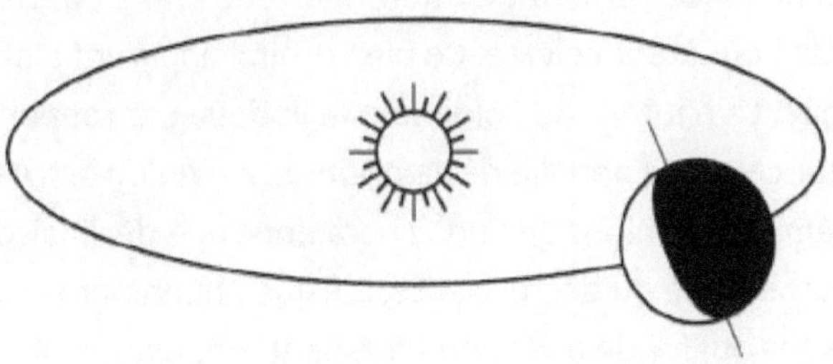

C'est le phénomène d'inclinaison de la Terre sur son orbite qui est à l'origine des saisons - dont les manifestations sont soumises à de multiples variables – et surtout, phénomène le plus sensible, des durées d'ensoleillement, qui varient selon les saisons et les latitudes terrestres.

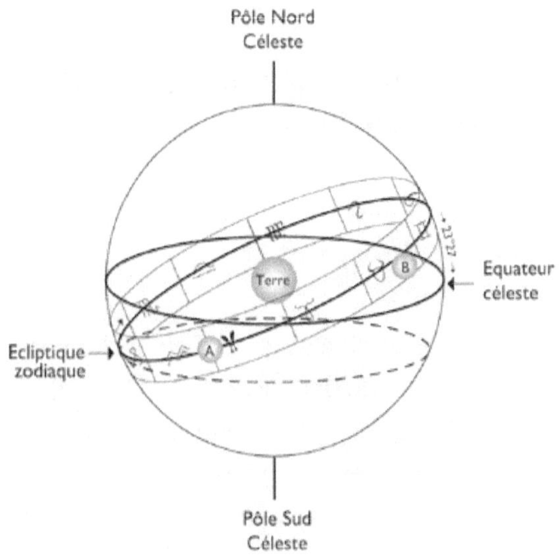

D'un point de vue géocentrique, c'est le Soleil qui semble tourner autour de la Terre en une année. Son plan orbital apparent est donc incliné - inversement de référentiel – de 23°45 par rapport au plan de l'équateur céleste. Ce plan orbital apparent a pour nom l'écliptique. La hauteur du Soleil sur l'écliptique par rapport à l'équateur céleste s'appelle déclinaison. Selon qu'un astre est dans l'hémisphère Nord ou Sud, il aura donc une déclinaison Nord ou Sud, croissante ou décroissante. C'est le phénomène des déclinaisons qui fonde astronomiquement le zodiaque.

Équinoxes et solstices

Le plan de l'écliptique coupe le plan de l'équateur céleste en deux points, au 0° Bélier et au 0° Balance. Ces deux points déterminent l'axe des équinoxes. En effet, le Soleil passe à l'équateur, il y a égalité des jours et des nuits.

L'écliptique atteint ses déclinaisons Nord et Sud les plus importantes à la hauteur du 0° Cancer (+ 23°45 Nord) et du 0° Capricorne (- 23°45 Sud). Ces deux points déterminent l'axe des solstices. Lorsque le Soleil est à la hauteur des tropiques, la durée des jours et nuits atteint son maximum d'inégalité, ce maximum variant en fonction des latitudes.

Les Signes du Zodiaque ne sont rien d'autre que la division du plan écliptique en douze secteurs. Chacun d'entre eux se caractérise par une déclinaison spécifique, croissante ou décroissante (voir tableau ci-dessous). Le zodiaque des déclinaisons est universel: en quelque point de la Terre qu'on se trouve, les déclinaisons planétaires - et leurs effets sur l'être humain – sont identiques.

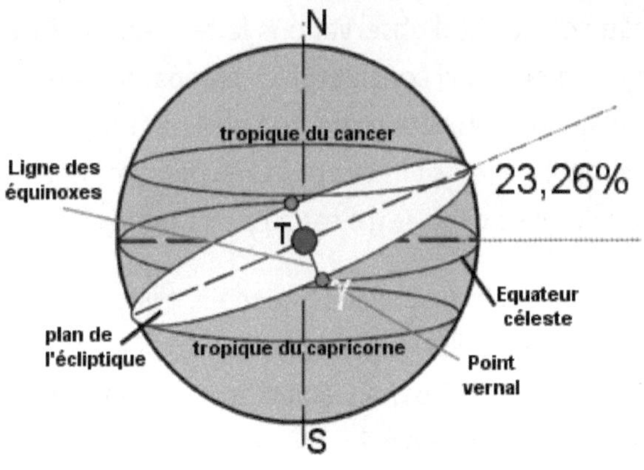

Précession des Équinoxes

L'astronome grec Hipparque de Nicée vers 130 avant JC, fit la première découverte majeure en astronomie moderne.

Il faut savoir que deux fois l'an, aux équinoxes, le jour et la nuit ont une durée égale, et le Soleil se lève exactement à l'Est pour se coucher exactement à l'Ouest. En termes modernes, à ces deux moments, l'écliptique croise l'équateur céleste.

L'intervalle de temps séparant deux passages consécutifs de la Terre est appelé "année tropique" et dure 365 jours 5h 48mn 46s [en fait, cela varie légèrement, selon J. Laskar 1986].

Mais l'intervalle de temps séparant deux passages de la Terre dans une même direction par rapport aux étoiles, ou "année sidérale" dure 365 jours 6h 9mn 10s [valeurs modernes].

Or Hipparque disposait d'observations faites depuis 169 ans et suffisamment précises. Il conclut en les comparant aux siennes propres que la position apparente du Soleil par rapport aux étoiles avait bougé de 2 degrés. Il fit ses mesures pendant une éclipse, où le centre de l'ombre de la Terre est à l'exact opposé du Soleil.

Il en conclut que les intersections bougeaient lentement, à l'envers, le long de l'écliptique, en environ 26 000 ans (plus précisément de 50"2877 par an, soit d'après l'encyclopédie d'Erich Weistein une révolution en ≈ 25 770 ans).

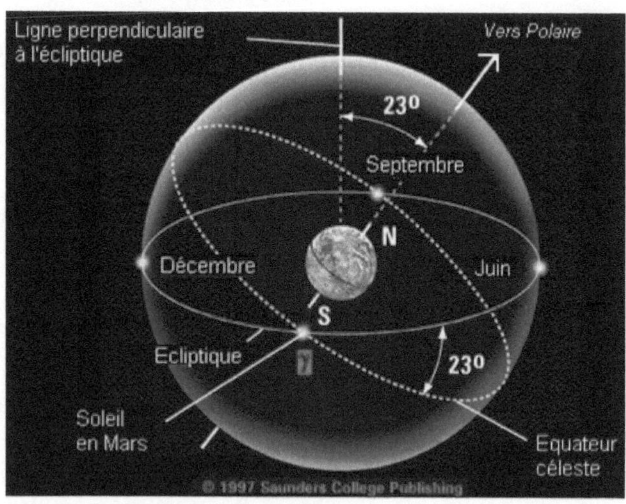

La Terre tourne comme une toupie [très lente !] sur son axe d'où le changement graduel d'étoile Polaire - et donc aussi d'équateur céleste, d'où la précession des équinoxes. Un tour est bouclé en 26.000 ans environ.

Dans les temps anciens, le « point vernal[4] » (intersection de l'écliptique et de l'équateur céleste à l'équinoxe de printemps) de l'équinoxe de printemps se trouvait dans la constellation du Bélier.

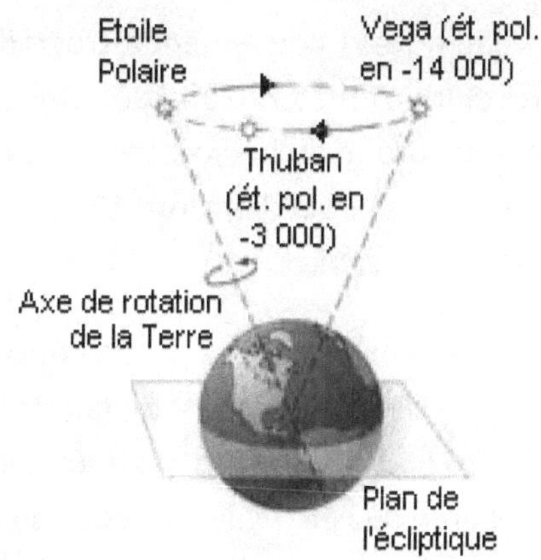

---

4 *Le point vernal: sur la sphère céleste, l'équateur et l'écliptique se croisent. Les deux intersections sont appelées des nœuds. Au cours de son mouvement apparent, le Soleil croise ces deux points, l'un en passant de l'hémisphère Nord à l'hémisphère Sud, c'est le nœud descendant; l'autre en passant de l'hémisphère Sud à l'hémisphère Nord, c'est le nœud ascendant. Ce dernier est le point vernal (noté γ, parfois g), parfois noté point de l'équinoxe vernal ou point de l'équinoxe de printemps. Les références du système de coordonnées équatoriales sont d'une part le méridien passant par le point vernal, il définit le méridien zéro pour la mesure des ascensions droites, et d'autre part l'équateur céleste à partir duquel la déclinaison est mesurée (positivement au-dessus de l'équateur, négativement en dessous). En astrologie, ce point porte le nom de « premier point du Bélier », d'après le nom de la constellation dans laquelle il se trouvait dans l'Antiquité. Toutefois, à cause de la précession des équinoxes, ce point se déplace lentement le long de l'écliptique. Le point vernal est actuellement situé dans la constellation des Poissons, il y est entré vers -60 et en ressortira vers 2100 pour entrer dans la constellation du Verseau.*

Vers l'an 1 de notre ère, il passa dans la constellation des Poissons: la durée de traversée d'un signe étant de 2 148 ans environ, on se rapprocherait actuellement du passage dans la constellation du Verseau.

Actuellement, la ligne des apsides (grand axe de l'orbite elliptique presque circulaire suivie par la Terre) forme un angle de 12° avec la ligne des solstices, d'où des saisons de durée inégale.

La précession des équinoxes (mouvement rétrograde de 50"2877 par an, soit une révolution en 25 770 ans) se combine en fait avec un autre mouvement: l'orbite du barycentre Terre-Lune tourne dans son plan dans le sens direct d'environ 12" par an (soit une révolution en 100 000 ans environ).

La combinaison de ces deux mouvements (de période 21 000 ans) est appelée précession climatique. Mais, du fait de la précession climatique, tous les 10 500 ans environ, les deux lignes sont superposées, et la durée de l'été égale celle de l'automne, tandis que la durée du printemps égale celle de l'hiver. Une fois sur deux, l'Aphélie tombe en été. Mais quand l'Aphélie tombe au solstice d'hiver, les hivers sont encore plus rudes.

D'autre part la date de début des saisons varie: par exemple le printemps (habituellement 20 ou 21 mars) tombera un 19 Mars en 2044.

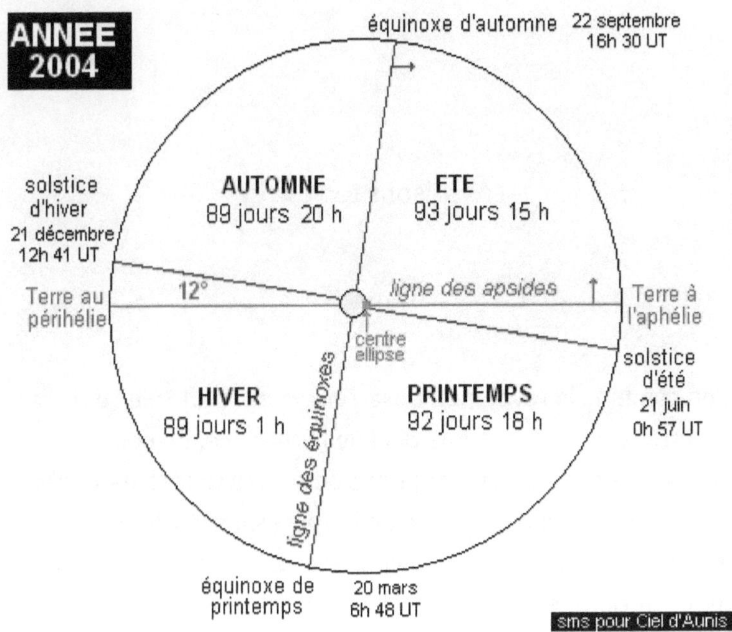

Autrement dit: même le découpage du Zodiaque astrologique en signes égaux de 30° censés "suivre les saisons" ne tient pas: en effet, les saisons ne font pas toutes 90° !!! Dire que le Bélier aurait pu s'appeler "début du Printemps" reste valable, mais le Cancer n'est déjà plus "début de l'été"...

Les saisons terrestres

Si l'on combine la révolution de la Terre autour du Soleil et le fait que son axe est incliné sur le plan de l'écliptique, on peut expliquer les saisons. Quatre points de repère sont remarquables lors d'une révolution complète de la Terre sur son orbite: deux équinoxes et deux solstices (ceci concerne l' hémisphère Nord, pour l'hémisphère Sud il faudra inverser les saisons).

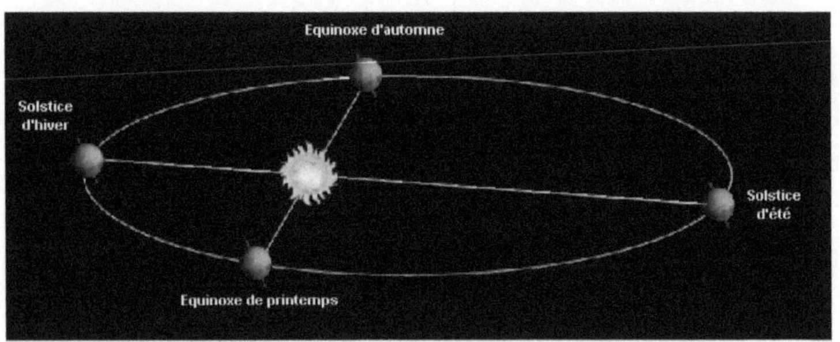

Que se passe-t-il lors du passage de la Terre sur ces différents points ?

Aux moments des équinoxes, le Soleil se tient exactement au-dessus de l'équateur. Ses rayons (et donc la ligne des équinoxes) forment un angle droit avec l'axe terrestre et se répartissent uniformément sur les deux hémisphères de notre planète, ce qui a pour conséquence que la longueur du jour est égale à celle de la nuit. L'équinoxe de printemps se produit vers le 21 mars et l'équinoxe d'automne vers le 22 septembre.

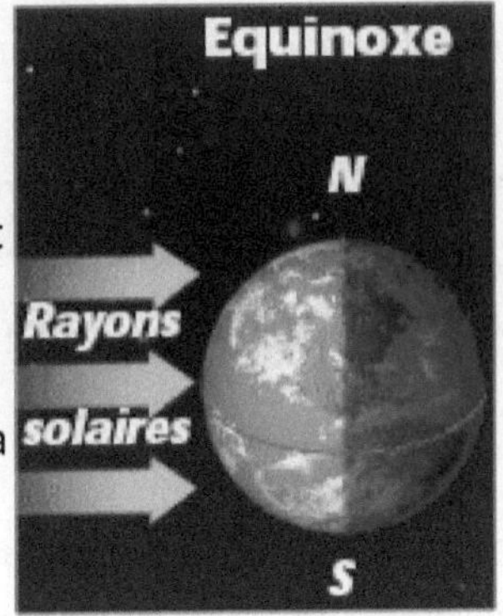

Le Soleil se trouve au zénith à midi pour les points situés sur le tropique du Cancer. C'est le moment où les jours sont les plus longs dans l'hémisphère Nord et ont les régions proches du pôle nord sont éclairées en permanence.

Le Solstice d'été se produit aux environs du 21 juin.

Le Soleil se trouve au zénith à midi pour les points situés sur le tropique du Capricorne. C'est le moment où les jours sont les plus courts dans l'hémisphère Nord et ont les régions proches du pôle nord ne sont plus éclairées. Le Solstice d'hiver se produit aux environs du 22 décembre.

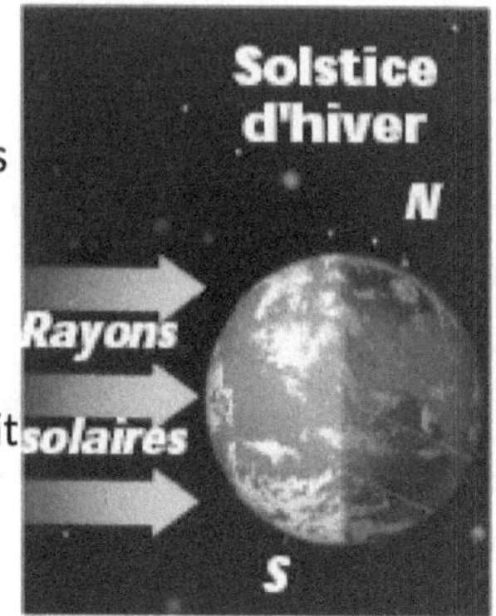

Dans son déplacement apparent autour de la Terre, le Soleil chemine autour du ciel au travers des constellations du Zodiaque. Le Zodiaque est "une ceinture imaginaire sur la sphère céleste, s'étendant d'environ 8° de latitude de part et d'autre de l'écliptique et dans laquelle se situent les trajectoires du Soleil, de la Lune et des cinq planètes (Mercure, Vénus, Mars, Jupiter et Saturne) du système solaire sauf Pluton. Le zodiaque est partagé depuis l'Antiquité en 12 parties qui s'étendent chacune sur 30° de longitude, appelées « signes du zodiaque ». En partant de l'équinoxe vernal et en progressant ensuite vers l'est le long de l'écliptique, chaque division porte le nom de la constellation avec laquelle elle coïncidait il y a environ 2.000 ans. Les noms des signes du zodiaque sont : Aries, le Bélier; Taurus, le Taureau; Gemini, les Gémeaux; Cancer, le Cancer; Leo, le Lion; Virgo, la Vierge; Libra, la Balance; Scorpio, le Scorpion; Sagittarius, le Sagittaire; Capricornus, le Capricorne; Aquarius, le Verseau et Pisces, les Poissons."

Zodiaque Tropical et Zodiaque Sidéral

Le zodiaque tropical est un zodiaque théorique, alors que le zodiaque sidéral est le zodiaque naturel. Pour "construire" un zodiaque tropical, il suffit de mettre un point zéro sur un cercle et de diviser ce dernier en 12 parties de 30°. Le point zéro correspond toujours au point vernal (équinoxe de printemps) et chaque arc de cercle de 30°, dans le sens inverse des aiguilles d'une montre correspond à chacun des signes du zodiaque, le point zéro correspondant au début du signe du Bélier.

Le zodiaque sidéral, lui, correspond à la position vraie des constellations du zodiaque par rapport au point vernal. A partir de sa position on divise l'écliptique en 360° et on y situe les douze figures du Zodiaque. Actuellement, le début du Bélier est actuellement à 29° au nord du point vernal qui est dans le signe des Poissons.

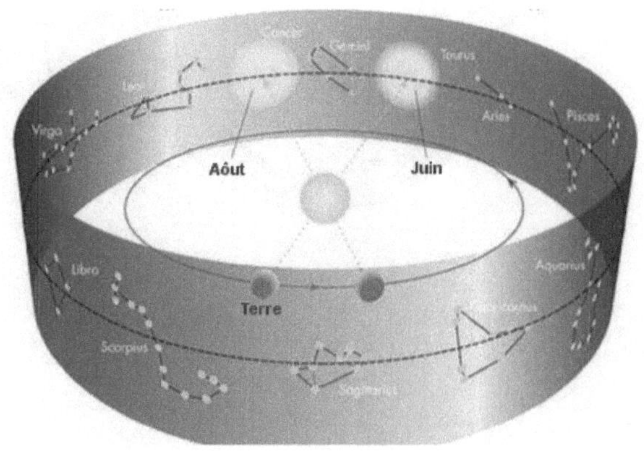

Comme nous l'avons vu plus haut, du fait de la précession des équinoxes, le point vernal se déplace régulièrement sur le zodiaque et il faut environ 25.800 ans pour qu'il revienne dans le même signe. En l'an 100 av. J.-C. le point vernal se trouvait aux alentours des 0° du Bélier et les deux zodiaques coïncidaient.

Au rythme de la précession des équinoxes, le zodiaque tropical et le zodiaque sidéral se décalent l'un par rapport à l'autre d'environ 1 degré tous les 72 ans.

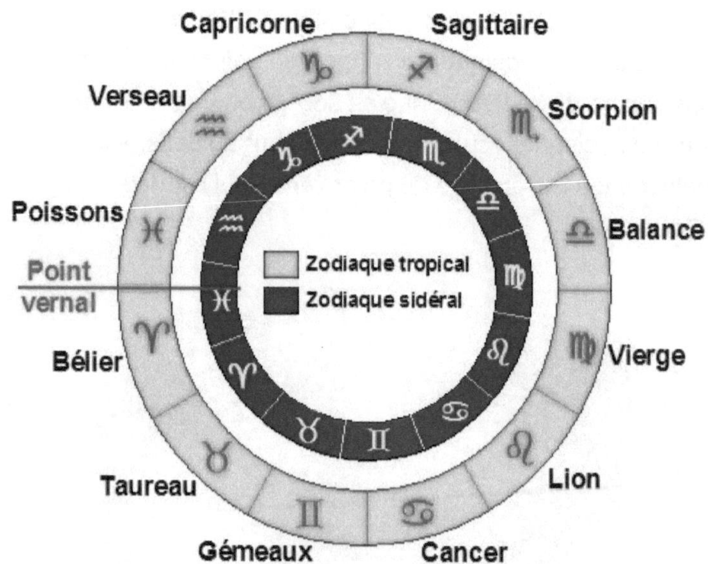

Notion de planète rétrograde

D'un point de vue du mouvement astronomique réel, il n'y a aucune rétrogradation de planètes; cette rétrogradation est un mouvement apparent dû aux courses de la Terre et d'une autre planète, autour du Soleil. La rétrogradation est donc de la même sorte d'illusion d'optique que, lorsqu'on a l'impression qu'un train qui double celui dans lequel on se trouve, recule.

Toutes les planètes du système solaire tournent dans le même sens. Les planètes intérieures (Mercure et Vénus) tournent plus rapidement que la Terre, les planètes extérieures tournent moins rapidement. Elles ne suivent donc pas la même règle vis-à-vis de la rétrogradation.

Pour les planètes intérieures, la rétrogradation se produit à l'approche (avant ou après) de la conjonction, alors que pour les planètes extérieures, c'est à l'approche de l'opposition.

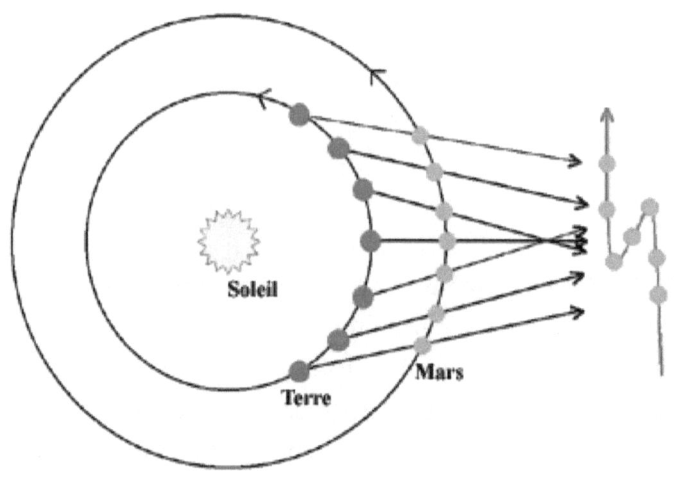

Le schéma précédent décrit le mouvement "rétrograde" de Mars: en termes d'interprétation, on peut dire de façon générique qu'une planète rétrograde est une planète dont l'énergie n'est pas tournée vers l'extérieur comme l'est celle de la planète directe, mais cette énergie est tournée vers nous-mêmes. La planète rétrograde nous pousse donc à l'introspection de façon à trouver notre propre façon d'utiliser cette énergie.

IV. Fonctionnement du symbolisme astrologique

La nature même du symbole reflète le processus créateur de la Source Unique - la Divinité - qui, sortie de son état naturel Non manifesté se régénère dans un nouveau cycle en créant la Matière.

On nomme Vague de Vie, toutes les formes de vie qui sont issues de cet élan créateur divin, comme une grande respiration universelle et qui vont développer toutes les unités de conscience.

Le principe de fonctionnement du symbole est comparable à une échelle gigantesque, munie de multiples barreaux:

- plus le barreau est bas, plus l'expression du symbole est concrète, matérielle et physique, cristallisant l'énergie sur le plan de la réalité concrète et matérielle du symbole.

- plus le barreau est élevé plus l'expression du symbole est subtile, spirituelle et vaste car se rapprochant de sa source d'émission – la Source Unique et originelle (le Seigneur Suprême - la Divinité - le Sans Nom - l'Un).

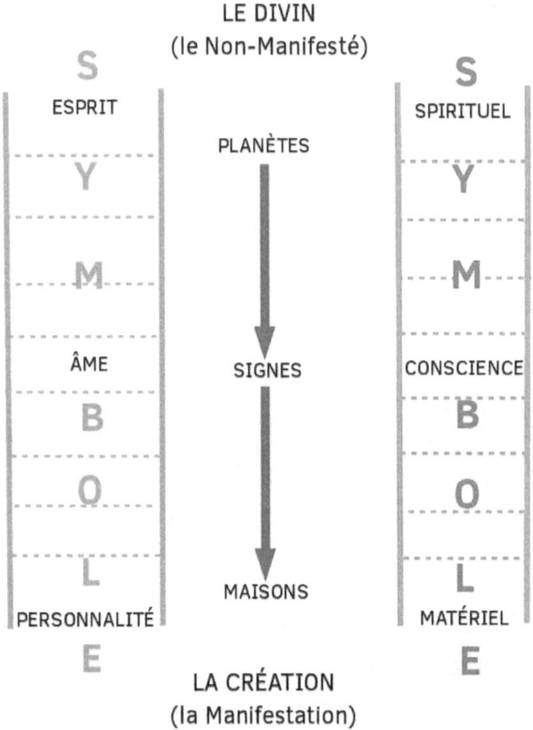

L'individu étant au centre du cercle zodiacale, il est conditionné dans l'ordre, par les secteurs de vie (Maisons) puis les signes, les relations entre les planètes (aspects), les planètes elles-mêmes et au final par les multiples combinaisons de ces différentes influences.

Il est bien évident que le thème natal (la réception initiale de cette combinaison de multiples influences au moment de la toute première inspiration) ne représente qu'un potentiel en devenir permanent durant toute la vie de l'individu, et que seul lui-même en a la pleine et entière responsabilité.

La dynamique du processus astrologique

0	le cercle zodiacal	le Non Créé - le Tout le potentiel illimité le sans forme - le non manifesté
1	le centre du zodiaque	impulsion première – début initialisation – volonté – pensée – le père
2	les axes des signes les axes des maisons les 2 hémisphères	force d'attraction – amour sensibilité – la mère
3	3 modes vibratoires: CARDINAL – FIXE – MUTABLE	force de renouvellement continuité forme – l'enfant
4	4 éléments: TERRE – EAU – AIR – FEU	matière - réalité
5	5 aspects majeurs: conjonction – sextile – carré - trigone - opposition	liens
6	6 axes de signes 6 axes de maisons	relations
12	12 signes 12 maisons 3 modes vibratoires x 4 éléments	caractéristiques

Le raisonnement astrologique: le principe d'analogie

La définition que donne Wikipédia de l'analogie est la suivante:

"Une analogie est un processus de pensée par lequel on remarque une similitude de forme entre deux choses, par ailleurs de différentes natures ou classes."

Au sens large, un raisonnement par analogie est tout raisonnement qui tire des conclusions en s'appuyant sur des ressemblances entre les objets considérés.

En Astrologie, le principe d'analogie se base sur la transposition d'une qualité propre à un symbole d'un plan à un autre. Par exemple, le comportement d'un Bélier dans la nature, nous montre un empressement inné à chercher à être le premier, à lutter à coups de tête contre son égal; d'où une impulsivité systématique que l'on retrouve chez les natifs du signe et par extension, caractérise aussi la nature de tout accident : brusque, rapide et violent.

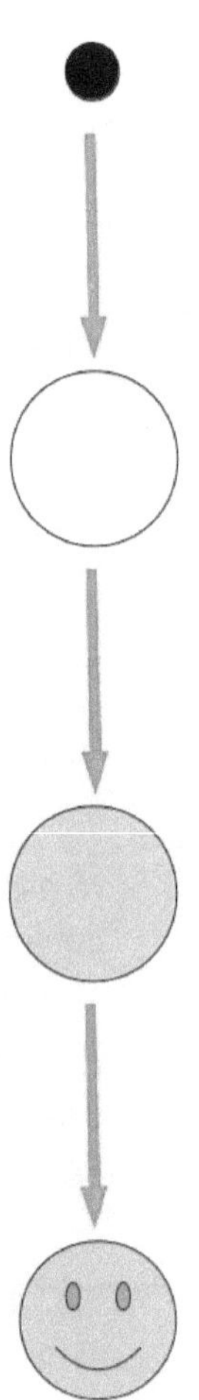

La structure du zodiaque

Le cercle du zodiaque a été partagé en 4 (éléments) x 3 (modes) soit 12 sections égales de 30° (signes). Chaque signe est lui-même découpé en 3 décans (3 modes vibratoires) de 10° (1= l'unité impulsion issue du 0 = potentiel infini).

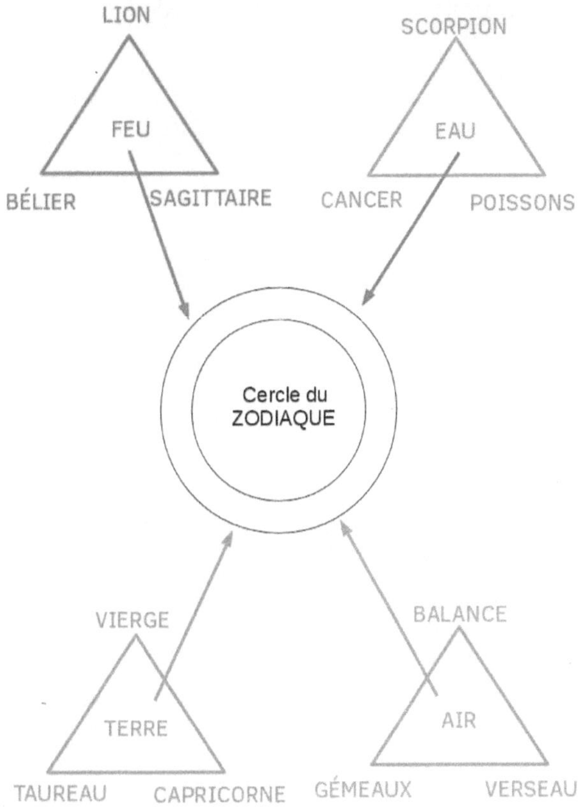

Les Croix astrologiques

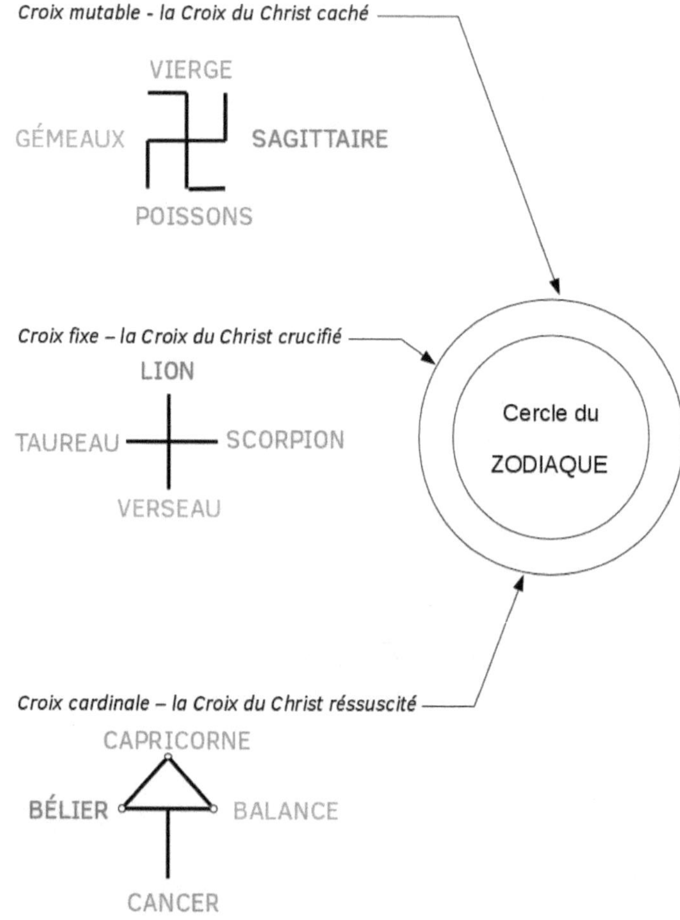

En Astrologie, le Christ n'est pas la Grande Identité historique mais le principe christique qui est l'Âme – la Conscience – le résultat de la relation de l'Esprit avec la Matière.

Vous noterez au passage que le symbole de la Croix Mutable est la svastika à l'envers, qui vient du mot sanskrit dérivé de su («bien») et de asti («il est»), avec la variante orthographique sauvastika parfois attribuée à son symétrique.

La svastika symbolise le processus d'INVOLUTION (la descente dans la Matière) tandis que la sauvastika symbolise le processus d'ÉVOLUTION (la remontée vers l'Esprit).

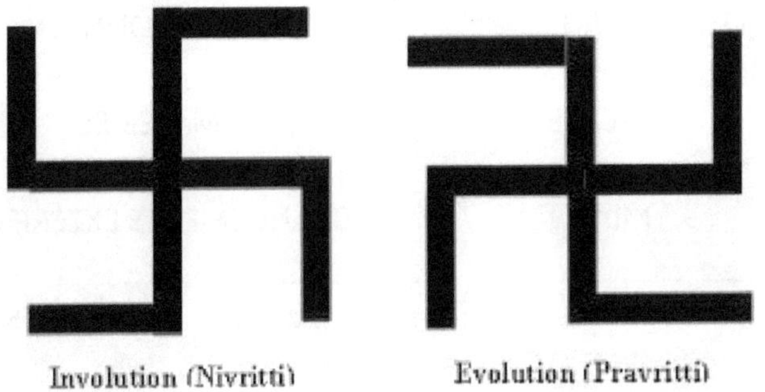

Involution (Nivritti)   Evolution (Pravritti)

Relations entre les Signes astrologiques

Par AXE (2)	Bélier - Balance	IDENTITÉ - RELATIONS
	Taureau - Scorpion	PERTE - DÉTACHEMENT
	Gémeaux - Sagittaire	COMMUNICATION - ÉTUDES
	Cancer - Capricorne	MATURATION - RÉALISATION
	Lion - Verseau	AMOUR - AMITIÉS
	Vierge - Poissons	SANTÉ - MALADIE
Par TRIANGLE (3)	FEU	SPIRITUEL
	AIR	MENTAL
	EAU	ÉMOTIONNEL
	TERRE	MATÉRIEL
Par CROIX (4)	Mutable	CHANGEMENTS EXTÉRIEURS
	Fixe	CRISES INTÉRIEURES
	Cardinal	MOMENTS de SYNTHÈSE

La symbolique des sigles astrologiques :

la géométrie sacrée

CERCLE	O	le potentiel illimité - le non manifesté – le sans forme - l'Esprit
POINT	.	l'impulsion primitive – le centre – le point d'émission
TRAIT	-	la relation entre 2 points – le lien – la direction
CROIX	+	l'union de l'espace et du temps – la matière
DEMI-CERCLE ou CERCLE OUVERT	C	la sensibilité – la réceptivité – l'âme

Symbolique première des astres en fonction de leur sigle

Planètes ou points fictifs	Symbolique
SOLEIL	l'impulsion primitive (.) émise par l'Esprit (O).
LUNE	la sensibilité, la réceptivité (C).
MERCURE	l'âme (C) exprime sa vision de l'Esprit (O) dans la matière (+) → l'idée (divin) prévaut sur le fait (matière).
VÉNUS	l'Esprit (O) sur la matière (+) → le spirituel l'emporte toujours sur la matière.
MARS	la matière (+ ou →) prend le dessus sur l'Esprit (O) → l'action prend le pas sur l'idéal spirituel.
JUPITER	l'âme (C) est liée à la matière (+) → la sensibilité est au-dessus de la matière.
SATURNE	la matière (+) est au-dessus de l'âme (C) → l'âme doit accepter l'expérience dans la matière.
URANUS	l'Esprit (O) surmonté par la matière (+), elle-même dominée par 2x l'âme (C) → triple expression originale de l'individu.
NEPTUNE	la matière (+) dominée par l'âme (C) → l'âme discipline la matière.
PLUTON	l'Esprit (O) gouverne l'âme (C) à travers la matière → tout a été transmué.
NŒUD NORD LUNAIRE	l'Esprit (O) 2x surmonté de l'âme (C) → l'âme est le pont entre l'Esprit avant l'incarnation et l'Esprit enrichi de l'expérience dans la matière (la mission de vie est complétée).
NŒUD SUD LUNAIRE	l'Esprit (O) 2x qui surmonte l'âme (C) → l'Esprit manifeste sa volonté d'expérimenter la matière à l'âme.
LUNE NOIRE	l'âme (C) maîtrise la matière (+) et s'en retourne vers l'Esprit.

Le processus de Prise de Conscience

Le processus de Prise de Conscience ne peut se faire qu'à travers l'interrelation entre un sujet et un objet:

$$\text{SUJET} \quad \longleftrightarrow \quad \text{OBJET}$$

C'est l'éternelle histoire de la poule et de l'œuf...lequel des deux est à l'origine de l'autre ? Ce qui peut s'exprimer par la dynamique des cycles :

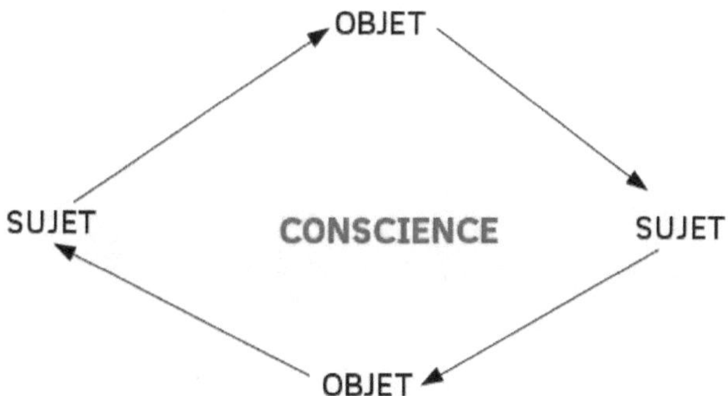

La progression de l'énergie : notion de karma

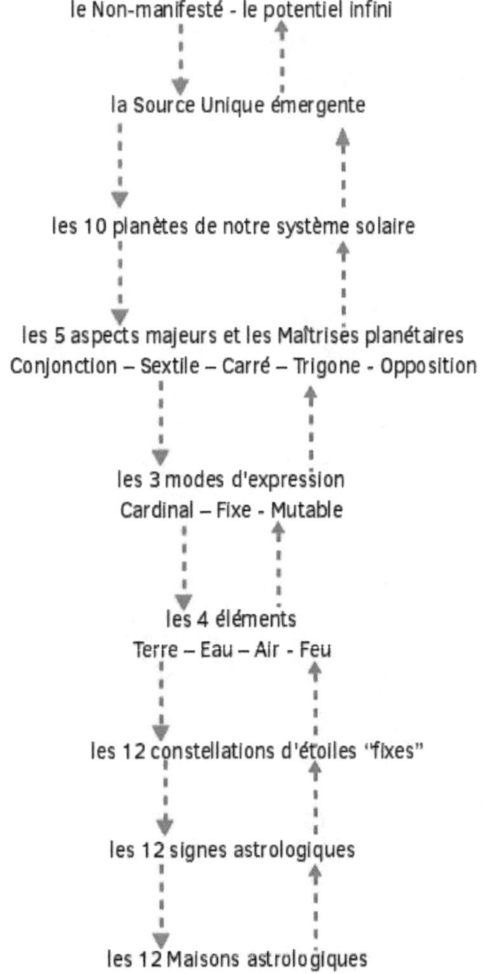

processus involutionnaire → l'Esprit s'incarne dans la Matière
processus évolutionnaire → la Matière se spiritualise et redevient l'Esprit

Exprimé autrement, le Karma ou loi de rétribution, peut se définir par le fait que tout acte, parole, pensée, porte en lui-même ses conséquences en qualité et en intensité, similaires à l'acte initial.

Ces conséquences ou rétributions n'apparaissent que lorsque toutes les conditions nécessaires extérieures (concours de circonstances sur les plans physique et relationnel) et intérieures (tendances psychologiques et état d'esprit) sont réunies au même moment.

Les prises de conscience multiples et inlassablement répétées au fil des temps, nous aident à réaliser la véritable nature de notre esprit, au-delà de toute dualité, dans l'unité, l'identification parfaite avec la Vie dont nous sommes à la fois partie et Tout. En d'autres termes, l'évolution nous encourage fortement à nettoyer nos lunettes afin de regarder la réalité en face sans faux-fuyants.

Les Signes astrologiques
(cf Annexe 4)

Dans le processus astrologique, les signes astrologiques sont l'EXPRESSION de l'union des 3 MODES VIBRATOIRES avec les 4 ÉLÉMENTS, ce qui donne 12 signes (3 x 4). Ces 12 signes montrent les différents rôles confiés aux acteurs que sont les planètes.

Élément \ Mode	CARDINAL	FIXE	MUTABLE
TERRE	CAPRICORNE	TAUREAU	VIERGE
EAU	CANCER	SCORPION	POISSONS
AIR	BALANCE	VERSEAU	GÉMEAUX
FEU	BÉLIER	LION	SAGITTAIRE

On peut répartir les 12 signes selon leurs différentes caractéristiques:

1. <u>Répartition par ÉLÉMENTS:</u>

Signes de TERRE → Taureau - Vierge - Capricorne.

Signes d' EAU → Cancer - Scorpion - Poissons.

Signes d'AIR → Gémeaux - Balance - Verseau.

Signes de FEU → Bélier - Lion - Sagittaire.

2. <u>Répartition par MODES ou par CROIX:</u>

Signes CARDINAUX (Croix Cardinale) →

Bélier - Cancer - Balance - Capricorne.

Signes FIXES (Croix Fixe) →

Taureau - Lion - Scorpion - Verseau.

Signes MUTABLES (Croix Mutable) →

Gémeaux - Vierge - Sagittaire - Poissons.

<u>3. Répartition par POLARITÉ:</u>

Signes MASCULINS →

      Bélier - Gémeaux - Lion - Balance - Sagittaire - Verseau.

Signes FÉMININS →

      Taureau - Cancer - Vierge - Scorpion - Capricorne - Poissons.

<u>4. Répartition par GENRE :</u>

Signes HUMAINS → Gémeaux (les deux adolescents) - Vierge (la jeune fille) - Balance (la Justice) - Sagittaire (le centaure mi-homme et mi-animal) - Verseau (le verseur d'eau).

Signes ANIMAUX → Bélier - Taureau - Lion - Scorpion - Capricorne (la chèvre avec une queue de poisson) - Poissons - Sagittaire (le centaure mi-animal et mi-homme).

Les Maisons astrologiques
(*cf Annexe 5*)

Pour s'exprimer dans la Matière, les Planètes se projettent à travers les Signes astrologiques et s'incarnent dans les différents secteurs de vie que représentent les Maisons. Tout comme les signes, on peut répartir les 12 Maisons selon leurs différentes caractéristiques propres.

1. Répartition en AXES :

a. AXE RELATIONNEL (Maisons I-VII)

b. AXE DES VALEURS (Maisons II-VIII)

c. AXE DE LA COMMUNICATION (Maisons III-IX)

d. AXE DE LA MATURATION (Maisons IV-X)

e. AXE DU PARTAGE (Maisons V-XI)

f. AXE DE LA GUÉRISON (Maisons VI-XII).

2. Répartition par ORDRE dans les quadrants :

a. Maisons ANGULAIRES →

Maisons I (sujet) - IV (famille) - VII (autrui) & X (profession).

b. Maisons SUCCÉDANTES →

Maisons II (valeurs) - V (créativité) - VIII (transformation) & XI (devenir).

c. les Maisons CADENTES →

Maisons III (l'environnement) - VI (le quotidien) - IX (l'étrange) & XII (la fin).

3. Répartition par FONCTIONS :

a. Maisons de VIE →

Maisons I (corps) - V (procréation) & IX (projets).

b. Maisons de SUBSTANCE →

Maisons II (possessions) - VI (salaire) & X (profession).

c. Maisons de RELATION →

Maisons III (les proches) – VII (le conjoint) & XI (les autres).

d. Maisons de FINALITÉ →

Maisons IV (gestation) – VIII (mort) & XII (fin des choses).

4. Répartition GRAPHIQUE sur le zodiaque :

Les Maisons astrologiques, ou secteurs de vie, suivent le sens des signes astrologiques du Bélier aux Poissons en passant par le Taureau:

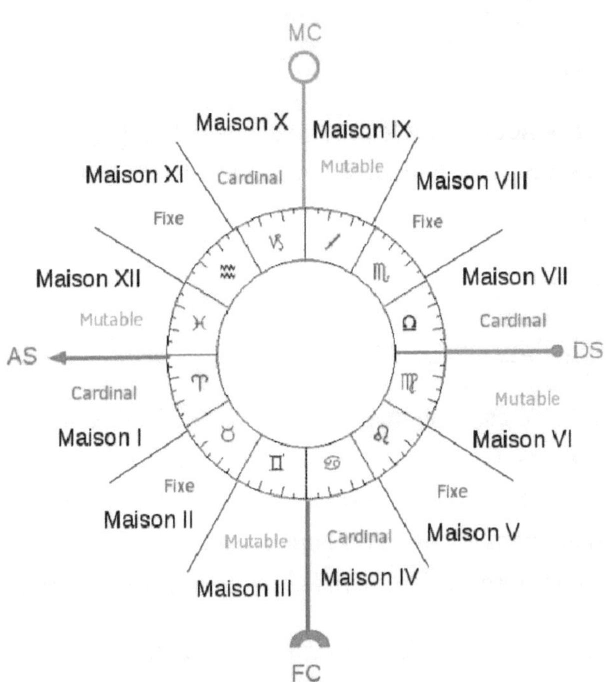

V. Fondements de l'Astro-thérapie énergétique

Comme je le notais dans le préambule de cet ouvrage, j'ai créé l'Astro-thérapie énergétique en m'appuyant sur plusieurs constats:

1. Le symbolisme astrologique est fiable :

Le symbolisme astrologique, lui, est UNIVERSEL et remonte à la nuit des temps. C'est le langage de la Vie, que chacun peut vérifier en observant la nature (un exemple typique : lorsque vous mettez deux béliers dans le même pré, que croyez-vous qu'ils vont faire ? Ils se prennent immédiatement la tête en se rentrant dedans !).

Si l'on observe les grandes civilisations du passé proche et lointain, on s'aperçoit que chacune s'est moulée sur les forces de l'axe des signes astrologiques dominant à l'ère correspondante. Ainsi, l'Atlantide, dans sa période de destruction était influencée par l'axe des signes du Lion (les effets dévastateurs de l'orgueil égotique) et du Verseau (les ondes et vibrations des Cristaux).

L'ancienne Égypte était sous l'influence de l'axe du Taureau (la transmutation du désir en volonté et en illumination) et du Scorpion (la sexualité, la magie, la mort). Quant au Christianisme tout le monde sait qu'il a vu le jour sous l'influence de l'axe des Poissons (le Sauveur du Monde et l'Amour, le sacrifice) et de la Vierge (la Mère de Dieu).

2. Il y a deux zodiaques (tropical et sidéral) :

De nombreuses personnes sont étonnées d'apprendre qu'elles ne sont pas nées sous les signes qu'elles croyaient (signes solaire et ascendant).

Prenons un exemple : vous croyez être né avec un Soleil en Taureau et un AS en Verseau ce qui en zodiaque tropical est tout à fait «exact».

Toutefois en prenant en compte le zodiaque sidéral, vous êtes né en «réalité» avec un Soleil en Bélier et un AS en Capricorne selon les positions de votre Soleil et de l'AS lors de votre naissance.

La raison en est que :

- le zodiaque tropical reste immobile puisqu'il est rattaché à la terre et aux saisons (il est utilisé par la grande majorité des astrologues occidentaux).

- le zodiaque sidéral est basé sur le point vernal qui se décale de quelques secondes par année due au fait de la précession des équinoxes (il est utilisé par l'astrologie hindoue et de plus en plus en occident également, et serait supposé être plus parlant pour connaître le bagage karmique et l'évolution de l'âme).

Le point vernal étant défini comme le croisement de l'écliptique et de l'équateur céleste, il change de position avec les mouvements de précession et de nutation de l'axe de rotation de la Terre. Il faut donc tenir compte de ce que l'astrologie hindoue nomme l'Ayanamsa, c'est-à-dire le décalage entre les deux zodiaques, dont la valeur est variable d'un auteur à l'autre ! Pour ma part j'utilise l'ayanamsa de Fagan corrigé par Garth Allen qui donne 78un ayanamsa de -24°41'05" au 1 er janvier 2000.

3. Aucune date n'est vraie :

Toute date est calculée à partir d'un calendrier. «Un calendrier est un système de repérage des dates en fonction du temps. Un tel système a été inventé par les hommes pour diviser et organiser le temps sur de longues durées. L'observation des phénomènes périodiques du milieu où ils vivaient - comme le déplacement quotidien de l'ombre, le retour des saisons ou le cycle lunaire - ont servi de premières références pour organiser la vie agricole, sociale et religieuse des sociétés. Le calendrier utilisé aujourd'hui dans la majeure partie du monde est le calendrier Grégorien» (source Wikipédia).

Pour se repérer dans le temps, l'homme a aussi créé « l'ère calendaire qui est une période de temps assez vague et subjective qui s'étend depuis un évènement historique marquant ou fondateur servant de point de départ et choisi par convention comme année 1 dans une chronologie. Elles ont été nombreuses au cours de l'histoire et ne sont jamais exclusives » (source Wikipédia).

L'homme utilise donc de nombreuses façons toutes différentes de mesurer le temps qui passe. De plus, personne ne connaît la date de naissance exacte de notre planète – la Terre ; or en astrologie le montage d'un thème natal se calcule justement, entre autres, à partir d'une date EXACTE de naissance !

Dès lors, on comprendra aisément que les calculs astrologiques concernant le thème natal sont plus qu'approximatifs ! Le thème de la personnalité est donc très aléatoire, ne parlons même pas du thème de l'âme !

4. La puissance de l'égrégore :

Un égrégore est une croyance partagée par de nombreuses personnes, sur une période de temps suffisamment longue. C'est une forme dans laquelle on a insufflé volontairement une pensée dirigée et répétée, et qui a ainsi sa propre énergie et donc également sa propre influence.

Sa puissance et sa persistance dépendent donc du nombre de personnes qui y sont connectées, de sa durée. Tandis que sa qualité dépend du niveau moyen de ceux qui l'ont créé et continuent de le nourrir.

Deux exemples connus :

a. le Diable est un égrégore basé sur la notion de mal[5] absolu qui provient de l'ère des Poissons et qui a été construit par

____

5 *« Le mal lui-même n'est qu'une illusion, car c'est l'usage qui est fait des motifs et des opportunités par l'égoïsme et la séparativité de la personnalité qui constitue le mal. Des circonstances semblables mais avec un juste motif, le bien peut apparaître. » Alice A. Bailey : L'État de disciple dans le Nouvel Âge – Tome I.*

l'Inquisition en Europe en opposition à l'égrégore de Dieu. L'égrégore de PEUR que les forces noires - les Frères du chemin de la main gauche, tels qu'ils sont nommés par la Hiérarchie – ont construit au fil des siècles, a pour but d'enliser la conscience humaine dans le bas astral, afin qu'elle oublie jusqu'à sa nature divine et lumineuse. Cet égrégore a été créé pour mieux asservir les «petits» et ainsi mieux asseoir la domination des politiciens et financiers et satisfaire leur soif insatiable de pouvoir et d'une façon plus générale, leurs désirs égoïstes et de la personnalité.

À l'heure actuelle, plus particulièrement en Europe et en France, tout le monde est informé des exactions des politiques et des banques, et pourtant la masse de nos concitoyens ne lève pas le petit doigt. Le choix de ces électeurs se laisse encore influencer, manipuler, par la PEUR des extrémismes que manient avec force ces Frères noirs.

Pour changer cela, il faut réveiller la conscience individuelle de chacun qui participe de cette masse en l'amenant à penser par lui-même et à réveiller son sens critique, son discernement. Et lorsque le nombre critique d'êtres humains s'identifiant à l'âme sera atteint, alors seulement l'humanité quittera la conscience de masse – dominée par l'ignorance et les instincts animaux primaires – pour s'éveiller à la conscience de soi – dominée par un sage discernement de sa nature divine et humaine – et finalement atteindre la conscience de l'âme qui est caractérisée par le sens de responsabilité, l'inclusivité et la conscience de groupe.

La présente ère du Verseau qui est en train d'apparaître amènera l'humanité dans son ensemble à ce nouvel Âge d'Or si elle veut bien s'en donner les moyens.

La force de l'astrologie s'appuie essentiellement sur la croyance d'une multitude de personnes qui y adhèrent, processus initialisé par de grands initiés dans un passé lointain. Ainsi, lorsque vous regardez votre horoscope dans le journal, vous entretenez, sans le savoir l'égrégore de l'astrologie occidentale. L'égrégore existe bel et bien et il est très fort, il est donc «vrai» pour beaucoup de personnes.

5. Le principe des tests de projection :

La Psychologie a créé et utilise depuis plusieurs années toute une série de tests dits projectifs qui permettent d'interpréter notre vie intérieure. Le principe en est très simple : la vie intérieure se manifeste à l'extérieur.

Ainsi, la vie de l'âme se voit au travers de la personnalité qu'elle anime et utilise pour le service qu'elle est venue donner au monde selon un Plan divin pré établi.

Les symboles révèlent donc ce qui est caché, dissimulé dans la forme: la Vie ou âme.

6. La conscience peut connaître les vies antérieures ou prédire l'avenir, car il n'y a qu'un seul temps – ici et maintenant :

Du point de vue de la Sagesse sans âge, l'Âme s'exprime à travers une personnalité changeant à chaque incarnation. Les signes de son expression à travers la personnalité sont : la conscience de groupe, l'intuition, le sens de responsabilité et le service. De ce point de vue, l'Âme perdurant au fil d'un nombre incommensurable d'incarnations, elle serait donc la seule capable d'en garder une trace mémorielle. De même, l'Âme, de par sa vision plus vaste du Plan Divin serait également la seule capable de percevoir l'avenir.

Du point de vue du Bouddhisme, l'esprit parcourt le chemin de l'ignorance vers l'illumination, aidé en cela par la loi du karma. C'est cette loi de rétribution alliée à notre libre arbitre, qui stimulerait nos prises de conscience successives.

Pour ma part, je pense que chacun écrit sa propre histoire au fur et à mesure de ses prises de conscience et des choix qu'il décide au fil de sa vie. C'est pour ces raisons qu'en tant qu'astrologue, je ne fais aucune prévision ni aucun acte quelconque de voyance.

<u>7. L'Astrologie est donc efficace si l'on s'en sert de la façon juste :</u>

Je n'ai jamais adhéré à aucune des théories des astrologues qui, par ma propre expérience, ne font que renforcer notre ego, car elles viennent de leur intellect et ne peuvent s'adresser qu'à lui. Or, l'intellect est le support auquel l'ego s'agrippe farouchement pour tenter d'exister, créant et entretenant quotidiennement notre dialogue intérieur et nous obligeant à croire que notre conscience la plus élevée ne peut être que dans notre cerveau. Ce qui, au regard de la nature, est une ineptie !

Bien au contraire, c'est au travers de pratiques en lien direct avec les symboles, que l'on renoue avec notre véritable centre de conscience, celui de l'Âme. C'est en suivant à nouveau nos perceptions sensorielles et non seulement notre intellect que le silence intérieur réapparaît et notre but de vie s'éclaire de la Lumière de l'Âme.

L'Astro-thérapie énergétique :
ses moyens et ses objectifs.

L'Astro-thérapie énergétique se donne pour mission, dans un premier temps, de vous aider à prendre conscience des forces et faiblesses de votre personnalité et, dans un second temps, d'accroître votre réceptivité à l'âme en élargissant et renforçant le canal de jonction entre celle-ci et la personnalité.

L'Astro-thérapie énergétique s'appuie donc sur plusieurs outils et vous propose une progression sur plusieurs niveaux :

a. une préparation énergétique et méditative pour assurer la base et harmoniser les différents plans de la personnalité (pratiques de base);

b. une progression dans l'entraînement de la conscience par l'approfondissement méditatif des symboles spécifiques à chacun (pratiques avancées et pratiques supplémentaires).

L'Astro-thérapie énergétique, avec la pratique quotidienne des exercices qu'elle vous propose, va vous aider, avec le temps, à trouver, à créer et à développer vos propres outils pour franchir avec profit les crises que vous rencontrez dans votre existence.

Bien évidemment, en aucun cas, l'Astro-thérapie énergétique ne peut ni ne doit remplacer un traitement en cours qu'il soit d'ordre médical ou psychologique, elle ne peut qu'en être une aide complémentaire précieuse qui potentialisera la thérapie en cours.

VI. Pratiques de base

1. Pratique du Silence Intérieur :

Nous avons vu précédemment que l'homme est constitué d'un corps physique (monde des sensations), d'un corps émotionnel ou affectif (émotions et affects), d'un corps mental (intellect et pensées), d'une Âme (énergie et conscience) et d'un Esprit (intention et volonté spirituelle). C'est ce que l'on nomme l'anatomie occulte de l'homme.

L'une des traditions les plus anciennes apparues sur notre planète, celle des Chamanes (de tous les peuples), considère l'homme comme étant le mélange d'un Esprit, d'une Âme ou corps de lumière et d'énergie et d'un corps physique. En rapprochant ces deux visions basées sur le témoignage de tous les Êtres éveillés qui ont et pratiquent encore ces deux types d'approche, nous pouvons considérer que le corps lumineux (Âme des Chamanes) inclut le corps éthérique (la partie subtile du corps physique), le corps astral ou émotionnel et le corps mental.

Dans son long processus évolutionnaire, la conscience humaine va de l'ignorance vers l'omniscience en passant par la conscience de masse (poussée par les instincts du genre humain au même titre que les animaux sauvages), puis par la conscience de soi (l'évolution va lentement pousser l'homme à s'individualiser en cherchant à satisfaire ses besoins particuliers), ensuite la conscience de soi-même (l'ego va se construire en atteignant la conscience de la personnalité). Enfin la conscience s'élargissant toujours plus, va viser la conscience de groupe (où la personnalité va être coordonnée, intégrée en s'alignant sur la conscience de l'Âme).

Notre société actuelle est largement constituée d'ego surdimensionnés et, par définition, totalement égoïstes et ne cherchant qu'à développer et exercer leur pouvoir personnel au détriment de leurs congénères et des autres peuples de la Terre (animaux, plantes, minéraux). Fort heureusement, certains egos se mettent volontairement et consciemment sous l'influence de l'Âme.

Pour croître, la conscience va utiliser le processus d'identification / désidentification avec les formes qui lui sont nécessaires pour expérimenter la vie dans l'incarnation. Un exemple très facile à observer est la façon qu'utilisent les enfants pour grandir. Regardez-les faire sur plusieurs années et vous comprendrez ce processus.

Ainsi, le stade de l'ego est atteint parce que la conscience, en s'identifiant à la personnalité qu'elle habite, investie énormément d'énergie dans la croyance d'une individualité permanente qui veut survivre malgré la mort. Alors qu'elle est DE TOUTE ÉTERNITÉ

DIVINE PAR ESSENCE et donc IMMORTELLE relativement[6].

Concrètement, nous renforçons sans cesse notre ego en entretenant un dialogue mental intérieur permanent, en donnant la priorité à notre intellect au point de l'avoir érigé au rang de dictateur intérieur sans lequel rien ne doit se faire sans son feu vert !

Nous avons donc la ligne dictatoriale suivante : ego – intellect – dialogue intérieur permanent – mémoire affective - cerveau. Ainsi, nous expérimentons le monde, la vie à travers notre intellect, mais en réalité nous ne faisons que le penser et non le sentir.

Fort heureusement pour nous, le cerveau est capable aussi de sentir. Une autre voie existe AUSSI - la voie du SENTIR : SENSATIONS CORPORELLES (corps physique) – perceptions sensorielles - cerveau - SILENCE INTÉRIEUR – centre de Conscience silencieuse (Hara[7]).

Le dialogue intérieur est constitué de notre habitude de voir le monde à travers nos pensées, nos croyances, nos souffrances engrammées dans nos mémoires et nos conditionnements sociétales, ce qui se traduit le plus souvent par des critiques, jugements et comparaison à tout-va des autres et de soi-même.

La dualité étant omniprésente dans la vie manifestée, le cerveau n'y échappe pas non plus. Le cerveau peut fonctionner en mode ACTIF ou en mode RÉCEPTIF, MAIS JAMAIS les deux en même

---

6 *L'âme étant le véhicule d'expression de la Monade – l'Esprit – elle a donc une durée d'existence limitée de ce haut point de vue, mais cette même durée nous apparaît tellement longue qu'elle avoisine l'éternité de notre point de vue limité actuel.*

7 *Le hara se situe à 3 travers de doigts sous le nombril et à 3 cm environ, de profondeur dans l'abdomen.*

temps.

La pratique du Silence intérieur consiste donc à DÉCIDER volontairement de rendre notre cerveau PASSIF et RÉCEPTIF et de focaliser notre conscience EXCLUSIVEMENT sur nos perceptions sensorielles tout en s'entraînant à faire TAIRE notre dialogue intérieur. Nous utilisons tous nos sens l'un après l'autre et lorsqu'une pensée pointe le bout de son nez, nous revenons simplement, en douceur et sans aucun jugement, à nos perceptions sensorielles.

Par exemple, je suis en train d'écrire ce texte, je fais naviguer en permanence ma conscience entre mes perceptions sensorielles (le toucher avec le contact de mes doigts frappant le clavier de mon ordinateur – la vue qui regarde mon écran – le sens proprioceptif m'informe de l'état de mon corps – l'ouïe qui m'envoie des sensations sonores de mon environnement immédiat – les odeurs venant de la cuisine proche et les sensations gustatives du café que je suis en train de boire) et mon intellect qui me permet d'organiser l'expression de mes idées.

Pour que cette pratique soit profitable et se renforce avec le temps et la répétition, il faut faire de courtes et nombreuses sessions quotidiennes. De la sorte, vous faites de votre vie quotidienne une grande méditation active qui va transformer votre façon de VOUS VIVRE et de VIVRE VOTRE VIE.

Un autre exercice tout simple est d'orienter votre conscience sur les perceptions sensorielles d'une partie de votre corps, au cours d'une discussion avec quelqu'un ou au cours de votre travail par exemple.

L'avantage de la pratique du Silence intérieur réside dans le fait que toute l'énergie habituellement dissipée dans la tentative désespérée de renforcer en permanence cet ego qui ne nous sert plus à rien et qui nous projette dans un temps linéaire préfabriqué de toutes pièces (les souvenirs du passé / l'anxiété du futur), est maintenant réorientée vers la perception sensorielle et corporelle qui nous ramène dans l'instant présent - l'ici-et-maintenant du Zen. À force de pratique, vous verrez votre conscience se réorienter peu à peu vers la conscience de l'Âme et une compréhension spontanée de la Vie où perceptions de soi-même et de l'environnement immédiat, réactions justes et adaptées aux situations seront simultanées et instantanées et surtout sans aucune perte d'énergie.

Variante courte de la Pratique du Silence Intérieur : l'exercice du Réveil de l'Enfant.

Cet exercice du Réveil de l'Enfant est à faire dès le réveil ou bien au début de la toilette avec un peu d'eau. C'est le geste que font tous les enfants pour se réveiller en frottant leurs yeux fermés avec leurs poings fermés. Il ne prend qu'une minute. Si une gêne apparaît, il suffit de relâcher la pression des poings sur les yeux ou tout simplement d'arrêter l'exercice et de le reprendre le lendemain.

Il faut veiller à la position de l'esprit à ce moment-là. Il s'agit d'observer la réaction de son propre esprit. Au cours de cet exercice, nous devons choisir de délaisser notre dialogue intérieur et de nous laisser absorber exclusivement par nos perceptions sensorielles. Et lorsqu'une pensée pointe le bout de son nez, nous revenons simplement, en douceur et sans aucun jugement, à nos perceptions sensorielles.

<u>2. Méditation du calme mental :</u>

La méditation du calme mental ou pacifier l'esprit est la méditation de base commune à toutes les traditions bouddhistes.

a. préparation → Coupez les ponts !

- retirez-vous dans une pièce où vous ne serez pas dérangé(e) - au besoin prévenez vos proches de ne pas vous déranger pendant le temps de votre méditation ;

- coupez toutes sources de bruits (smartphone, téléphone, sonnette, TV, musique, etc.) ;

- la durée de votre séance sera idéalement de 20 à 45 minutes selon vos capacités – mieux vaut un peu chaque jour que trop une fois de temps en temps, là encore c'est la régularité qui sera gagnante (rappelez-vous qu'une goutte d'eau tombant toujours au même endroit pendant des années finira toujours par percer la roche la plus dure).

b. la posture → Redressez le dos & étirez la nuque que diable !

- votre tenue vestimentaire doit être confortable sans être serrée;

- enlevez bijoux, colliers, montre et tout ce qui peut serrer taille, poitrine, chevilles ou poignets afin de laisser la libre circulation à l'énergie ;

- asseyez-vous sur une chaise, un tabouret ou mieux sur un coussin à même le sol en tailleur ou en posture dite «adamantine» (nous laisserons la posture du lotus à ceux qui n'ont aucun problème de hanches ou de genoux) ;

- maintenir le dos droit et la nuque étirée en abaissant légèrement le menton, les mains posées à plat sur les cuisses, les épaules légèrement tirées en arrière ;

- le corps ne doit être ni avachi (ce qui favorise la torpeur) ni trop tendu (ce qui favorise l'agitation).

c. calmez l'esprit → Traaaannnnnquiiile !

- gardez les yeux ouverts et portez le regard à l'horizontal devant vous sur un point imaginaire dans l'espace ;

- puis placez votre conscience sur votre respiration sans

aucune intervention de votre part, il s'agit de rester quelques minutes simplement dans la PRÉSENCE du SOUFFLE ;

- pendant quelques minutes, exercez-vous à ne pas suivre les pensées qui surgissent, ni à les rejeter et dès que vous vous faites avoir (je vous rassure, çà va vous arriver souvent....)

revenez simplement à la respiration. Un outil très simple et très efficace est d'étiqueter votre « dérapage » par « PENSER », puis SANS AUCUN JUGEMENT et avec DOUCEUR revenez simplement à la PRÉSENCE du SOUFFLE.

Là, un avertissement s'impose pour ceux qui croiraient encore à l'existence du silence mental, c'est purement et simplement impossible ! Les pensées sont à l'esprit ce que sont les vagues à la mer. Les pensées sont indissociables de l'esprit. Il faudra donc faire avec.

Et ce que l'on appelle faire le vide dans l'esprit, n'est rien d'autre que la capacité à rester dans l'intervalle entre deux pensées et à élargir celui-ci de plus en plus.

Au début, et surtout si vous n' avez jamais essayé la méditation, le flux des pensées ressemble généralement au périphérique parisien à l'heure de pointe ! Ne vous en inquiétez pas, c'est normal. Le fait de porter votre attention sur le flux de vos pensées vous en fait simplement prendre conscience.

Pour les premières séances, je vous conseille de suivre le plan complet tel que proposé, en ne consacrant que 5 minutes pour la partie « c. calmez l'esprit ». Puis au bout de quelque temps, vous pourrez pratiquer cette partie seule quand vous le souhaiterez.

Les quatre choses à garder en tête :

- la régularité est fondamentale.

- mieux vaut 5 minutes par jour et tous les jours que 1 heure une fois en passant.

- mieux vaut 1 minute tous les jours plutôt que rien.

- il n'y a ni bonne ni mauvaise méditation, il y a juste MÉDITER sans aucun jugement.

d. dédicace → Pour finir ... Scellez la pratique.

L'importance de la dédicace réside dans le fait que l'on ne garde pas pour soi-même (égoïsme = personnalité) le mérite accumulé par notre pratique mais au contraire, nous le dédions aux bien de tous les êtres (altruisme = Âme), permettant au mérite accumulé de durer dans le temps.

Il est important que vous établissiez votre dédicace avec vos propres mots. Voici, à titre d' inspiration, une dédicace bouddhiste basée sur les quatre incommensurables :

« *Puisse tout le mérite accumulé par ma pratique permettre à tous les êtres de jouir du bonheur et de la racine du bonheur.*

Qu'ils soient libres de la souffrance et de la racine de la souffrance.

Qu'ils ne soient pas séparés du grand bonheur dépourvu de souffrance.

Qu'ils demeurent dans la grande équanimité dépourvue de passion, d' agression et de préjugés. »

3. Méditation d'alignement (2 variantes) :

Cette méditation dure un bon quart d'heure et va vous permettre de vous recentrer et d'aligner tous vos véhicules sur l'Âme.

- comme tous les exercices que je vous propose, avant toute chose pensez à éteindre votre téléphone, à fermer la porte de la pièce où vous vous retirez et, le cas échéant, prévenez vos proches de ne pas vous déranger (sauf s'il y a péril en la demeure évidemment... ;-)) ;

- prenez une position assise qui est facile pour votre corps soit assis sur une chaise, un tabouret ou assis en posture de méditation (voir précédemment la description de la méditation du calme mental) – le point important est de maintenir le dos droit et vertical sans aucun appui dorsal ;

1ère partie :

- observez votre respiration sans aucune intervention de votre part et relâchez vos muscles un peu plus à chaque expiration ;

- laissez passer les pensées qui apparaissent sans les suivre et sans les susciter non plus ;

- vous allez maintenant placer votre conscience sous la plante de vos pieds et sur la perception sensorielle que vous avez de leur contact avec le sol. Puis progressivement vous allez visualiser (en utilisant votre imagination créatrice) des racines qui partent de votre HARA (à 3 travers de doigts sous votre nombril), qui traversent votre bassin, vos hanches, qui courent le long de vos jambes et qui vont sortir par vos plantes de pied et s'enraciner profondément jusqu'au cœur même de la Terre ;

- ensuite vous allez déplacer votre conscience sur le sommet de votre crâne et visualiser (toujours en utilisant votre imagination créatrice) des ramures qui s'élèvent depuis votre Cœur, traversent votre tête et se déploient vers l'infinité des étoiles dans le ciel.

2ème partie :

Pour cette seconde partie, je vous propose deux façons de faire l'alignement de vos différents corps sur l'Âme selon que vous êtes plus réfléchi et mental ou plus émotif et intuitif. En effet, l'Âme s'exprime à travers la personnalité en utilisant deux centres de force (chakras) particuliers : le Centre Couronne (aspect Volonté) et le Centre Cardiaque (aspect Amour).

Si vous ne savez pas, essayez les deux façons et vous verrez ce qui est le plus facile pour vous.

a. Alignement depuis le Centre Couronne (1ère variante pour le type mental) :

- placez votre conscience un peu au-dessus du sommet de votre crâne, au niveau du centre Couronne et visualisez votre corps physique dense vu d'en haut (au début çà peut faire bizarre, mais on s'y fait rapidement) ;

- toujours depuis le même point, imaginez votre corps éthérique qui suit les contours exacts de votre corps physique à 3 centimètres environ de ce dernier. Visualisez qu'il irradie la Lumière de l'Âme ;

- élevez un peu plus haut votre conscience toujours depuis le centre Couronne et imaginez votre corps affectif (ou corps émotionnel ou corps astral) comme un gros sac qui suit d'un peu plus loin les contours du corps physique à 1,50 mètre environ. Visualisez votre corps astral rempli d'une eau cristalline, claire comme de l'eau de roche, il est stable, calme, plat comme un lac paisible et réfléchissant exclusivement la Lumière de l'Âme ;

- élevez encore un peu plus haut votre conscience toujours depuis le centre Couronne et imaginez maintenant votre corps mental comme une grosse enveloppe ovoïde qui suit d'un peu plus loin et vaguement les contours du corps physique à 2 mètres environ. Visualisez votre corps mental de la couleur d'un ciel bleu azur ensoleillé par la Lumière de l'Âme. Ce corps est spacieux et vaste à l'image d'un ciel sans nuages ;

- maintenant ce haut point d'observation - toujours depuis le centre Couronne - voyez votre personnalité alignée, intégrée et coordonnée comme un tout coordonné, une entité active, sensible et raisonnable. Prenez une profonde inspiration et sur l'expiration, prononcez le OM à haute voix tout en maintenant la vision de la personnalité alignée. Le OM se prononce :

OOOOOOOOOOOOMMMMMMMMMMMM.

- dernière étape, élevez encore un peu plus haut votre conscience toujours depuis le centre Couronne et imaginez maintenant votre corps Causal, le corps de l'Âme, comme une sphère ovoïde à 3 mètres environ du corps physique, rayonnant d'une Lumière blanche éclatante et irradiant l'Amour divin inconditionnel.

Identifiez-vous à l'Âme que vous êtes et illuminez consciemment et volontairement la personnalité de cette Lumière éclatante et de cet Amour.

- prenez une première inspiration profonde et sur l'expiration, prononcez une nouvelle fois le OM à haute voix, comme précédemment, tout en maintenant la conscience que vous ÊTES L'ÂME ;

- déplacez votre conscience dans votre centre Cardiaque puis prenez une seconde inspiration profonde et sur l'expiration, et dites l'affirmation suivante :

« Au centre de tout Amour, je demeure.

De ce centre, Moi, l'âme, je veux me répandre à l'extérieur.

De ce centre, Moi, Celui qui sert, je veux agir.

Que l'Amour du Soi Divin soit répandu dans mon cœur.

À travers mon groupe[8], et dans le monde entier. »

- remerciez et reprenez doucement conscience de votre environnement.

Avec l'habitude, la durée totale de cette méditation n'excédera pas les 15 minutes. Il n'est pas souhaitable d'aller au-delà, car avec l'entraînement, elle apportera ses puissants effets.

---

8 *L'Âme étant dans le plan de l'Unité, a un rapport télépathique avec toutes les âmes, elle est donc liée naturellement à un ou plusieurs groupes d'âmes selon la partie du Plan divin qu'elle est venue réalisée au cours de cette incarnation.*

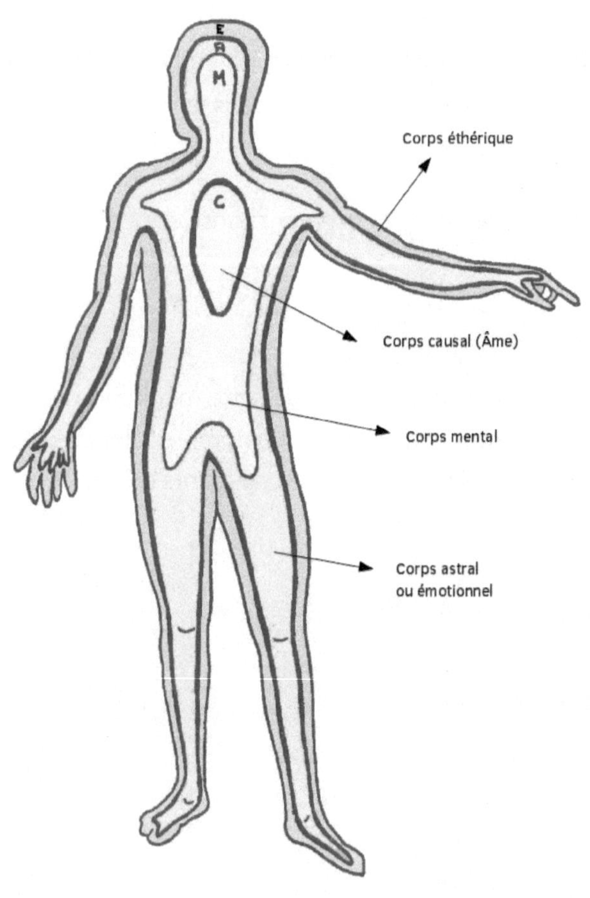
Corps éthérique
Corps causal (Âme)
Corps mental
Corps astral
ou émotionnel

<u>4. La méditation occulte :</u>

Cette méditation est proposée par le Maître Djwal Khul (D.K.) dans l'enseignement qu'il a transmis télépathiquement à l'une de ses disciples, Alice Ann Bailey, entre 1919 et 1949.

Cette méditation qui est extraite de son ouvrage : « Lettres sur la méditation occulte » , dure un bon quart d'heure et va également vous permettre d'aligner tous vos véhicules sur l'Âme.

« L'aspirant recherchera chaque jour un endroit tranquille où il peut être libéré de toute intervention et interruption.

S'il est avisé, il recherchera toujours le même emplacement, car il construira autour une coquille qui constituera une protection et rendra les contacts supérieurs désirés plus faciles. La substance de cet emplacement, la matière de ce que vous pouvez appeler l'espace environnant, devient alors harmonisée avec une certaine vibration (la plus haute vibration de l'homme atteinte dans les méditations consécutives), ce qui le facilite chaque fois pour s'élever à son plus haut niveau, éliminant ainsi un long alignement préliminaire.

L'aspirant choisit lui-même une position dans laquelle il peut être inconscient de son corps physique. Aucune règle sévère et rigide ne peut être établie, car le véhicule physique lui-même doit être considéré. Il peut être, d'une façon ou d'une autre, handicapé, raidi ou estropié. Le confort dans la position doit être recherché avec vigilance et attention. La paresse et le relâchement ne conduisent un homme nulle part. La position la plus convenablement appropriée pour la moyenne des êtres est les jambes croisées sur le sol, en s'asseyant contre quelque chose qui permet le soutien de l'épine dorsale. Dans la plus intense méditation, ou quand l'aspirant est très expert et les centres rapidement éveillés (peut-être même le feu intérieur vibrant à la base de l'épine dorsale), le dos doit être droit sans support. La tête ne devrait pas être rejetée en arrière, car la tension doit être évitée, mais maintenue à niveau ou avec le menton légèrement baissé. Quand ceci est fait, cette tension qui caractérise tant de personnes disparaîtra, et le véhicule inférieur sera relaxé.

Les yeux devraient être fermés et les mains croisées sur les genoux. Que l'aspirant observe alors si sa respiration est régulière, soutenue et uniforme. S'il en est ainsi, qu'il se relaxe entièrement, maintenant le mental positif et le véhicule physique souple et sensible.

Qu'il visualise alors ses trois corps, et ayant déterminé si la méditation aura lieu dans la tête ou à l'intérieur du cœur (je reprendrai ce sujet plus tard), qu'il y retire sa conscience et se focalise dans l'un ou l'autre des centres.

En faisant ainsi il réalise délibérément qu'il est un Fils de Dieu, retournant vers le Père ; qu'il est Dieu lui-même, cherchant à trouver la conscience Divine qui est la Sienne ; qu'il est un créateur cherchant à créer ; qu'il est l'aspect inférieur de la Déité, cherchant l'alignement avec le supérieur. Qu'il entonne alors trois fois le Mot Sacré, l'exhalant doucement la première fois et affectant de cette façon le véhicule mental ; plus fortement la seconde fois, stabilisant ainsi le véhicule émotionnel ; et la troisième fois, dans un ton encore plus fort, agissant alors sur le véhicule physique. L'effet sur chaque corps sera triple. Si le Mot est correctement entonné en maintenant le centre de conscience fermement à l'intérieur du centre choisi, quel qu'il soit, les effets seront les suivants :

- sur les niveaux mentaux :

a. Le contact du centre de la tête provoquant la vibration. L'apaisement du mental inférieur.

b. L'union avec l'Ego (le Maître D.K. utilise ce mot avec une majuscule pour désigner l'Âme) à un certain degré, mais toujours jusqu'à un certain point à travers l'atome permanent.

c. Le rejet de particules grossières et la construction de particules plus épurées.

- sur les niveaux émotionnels :

a. La stabilisation définie du corps émotionnel à travers l'atome permanent, en prenant contact avec, et mettant en activité le centre du cœur.

b. Le rejet de matières grossières, rendant le corps émotionnel ou corps du désir moins coloré, afin qu'il devienne un véritable reflet du Supérieur.

c. Ceci provoque une ruée soudaine de sensations des niveaux atomiques du plan intuitionnel, via le canal atomique qui existe entre les deux, ce qui élève et clarifie le canal.

- sur les plans physiques :

a. L'effet est ici très similaire, mais l'effet principal se produit sur le corps éthérique et il stimule l'influx divin.

b. Il passe au-delà de la périphérie du corps et crée une coquille qui sert de protection. Il chasse au loin les facteurs discordants se trouvant dans le proche environnement.

En méditant dans le centre du cœur, l'image est semblable à un lotus d'or fermé. Lorsque le Mot Sacré est énoncé, imaginez-le comme un lotus s'ouvrant lentement jusqu'à ce que le centre intérieur ou vortex soit vu comme un tourbillon de lumière électrique, radiante, plus bleue que dorée. Dans ce tourbillon, édifiez l'image du Maître dans la matière éthérique, émotionnelle et mentale. Ceci entraîne le retrait de la conscience toujours de plus en plus à l'intérieur. Quand l'image est complètement construite, énoncez alors doucement le Mot à nouveau et, avec un effort de la volonté, retirez-vous encore plus dans l'intérieur et faites le contact avec le centre de la tête de douze pétales, le centre de la conscience causale. Faites tout ceci très lentement et progressivement, en maintenant une attitude de paix et de calme parfaits. (...) Cette visualisation amène à la synthèse, au développement, à l'extension causale et conduit finalement un homme devant la présence du Maître.

(À noter que ...) le plexus solaire est le siège des émotions et on ne pourrait pas s'y concentrer dans la méditation. »

<u>4. Postures d'enracinement debout :</u>

<u>a. la posture d'enracinement simple :</u>

- debout, pieds joints ;

- les jambes sont tendues sans rigidité ;

- le poids du corps est réparti harmonieusement sur toute la surface de la plante des pieds ;

- la colonne vertébrale est droite ;

- la nuque est légèrement étirée, le menton légèrement rentré ;

- on efface le creux lombaire, les vertèbres lombaires s'alignant avec le sacrum ;

- le sacrum tire vers le bas ;

- le sommet de la tête tire vers le haut ;

- la pointe de la langue collée à la racine des dents de la mâchoire supérieure ;

- on laisse le poids du corps descendre dans le Hara, en lâchant bien tout le dos et surtout les lombaires ;

- les bras sont détendus, depuis les épaules jusqu'au bout des doigts ;

- les aisselles sont « vides » comme si elles abritaient une balle de ping-pong ;

- les yeux sont mi-clos, on ne fixe rien de précis ;

- les yeux clignent le moins possible et sans forcer ;

- le regard intérieur est tourné vers le Hara ;

- on prend conscience des oscillations du corps sur la plante des pieds (gauche-droite/avant-arrière) ;

- puis on recherche l'immobilité, l'absence presque totale d'oscillations ;

- la respiration est uniquement ventrale, elle s'allonge tranquillement avec le temps sans augmenter d'amplitude et elle doit rester silencieuse.

Cette posture d'enracinement est à faire idéalement tous les jours et de 5 à 15 minutes. Augmenter progressivement.

b. la posture embrasser l'arbre :

- position debout, pieds écartés de la largeur des épaules, pieds parallèles ;

- les genoux fléchis sans dépasser l'aplomb des orteils ;

- les hanches sont relâchées ;

- les cuisses sont légèrement en position du cavalier à cheval ;

- le poids du corps est réparti harmonieusement sur toute la surface de la plante des pieds ;

- la colonne vertébrale est droite ;

- l'anus est légèrement remonté vers le haut ;

- la nuque est légèrement étirée, le menton légèrement rentré ;

- on efface le creux lombaire, les vertèbres lombaires s'alignant avec le sacrum ;

- le sacrum tire vers le bas ;

- le sommet de la tête tire vers le haut, la tête étant comme suspendue au ciel par un fil ;

- la bouche est fermée, les lèvres et les molaires se touchent à peine ;

- la pointe de la langue collée à la racine des incisives de la mâchoire supérieure ;

- on laisse le poids du corps descendre dans le Hara, en lâchant bien tout le dos et surtout les lombaires ;

- les bras sont en arc de cercle, les paumes des mains

font face au dantien (hara) ;

- les bras sont détendus, depuis les épaules jusqu'au bout des doigts ;

- les coudes sont suspendus ;

- les poignets sont détendus ;

- les doigts sont relâchés et écartés et se font face par

leurs extrémités ;

- les aisselles sont « vides » comme si elles abritées une balle de ping-pong ;

- la poitrine est légèrement rentrée et le dos étiré dans le sens de la largeur ;

- les épaules sont abaissées ;

- les yeux sont mi-clos, le regard est baissé à 45° devant

soi sans rien fixer ;

- le regard intérieur est tourné vers le dantian (hara) ;

- le bas-ventre est rétracté ;

- la respiration est uniquement ventrale, elle s'allonge tranquillement avec le temps sans augmenter d'amplitude et elle doit rester silencieuse.

Afin de favoriser la libre circulation de l'énergie (Qi, prononcez Tchi) dans cette posture, il faut veiller à respecter le maintien des 12 CERCLES :

- 1er & 2ème cercles → « vider » la plante des pieds ;

- 3ème cercle → arrondir la partie intérieure des cuisses ;

- 4ème cercle → arrondir le bas du dos en relâchant les

lombes (bascule du bassin en avant) ;

- 5ème cercle → étirer la nuque en rentrant légèrement le menton ;

- 6ème cercle → étirer le dos dans sa largeur au niveau des omoplates ;

- 7 & 8èmes cercles → « vider » les aisselles ;

- 9ème cercle → arrondir les bras (comme si on tenait un gros ballon) entre les coudes ;

- 10 & 11èmes cercles → maintenir les pouces écartés des autres doigts (« la gueule du tigre ») ;

- 12ème cercle → toucher l'arrière des incisives du haut avec la pointe de la langue (ouverture de l'Orbite Microcosmique)[9].

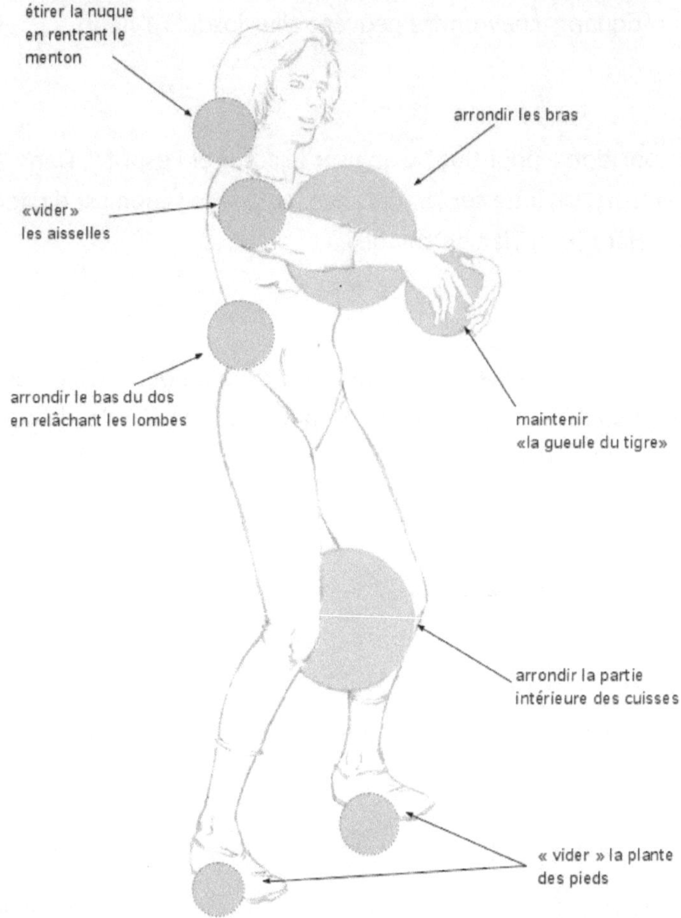

---

9 *L'Orbite Microcosmique est le circuit d'énergie qui est établie entre le vaisseau gouverneur Yang (qui monte à l'arrière du corps depuis le périnée jusqu'aux incisives supérieures en passant par le sommet du crâne) et le vaisseau conception Yin (qui monte à l'avant du corps depuis le périnée jusqu'au bout de la langue). Ce circuit énergétique formé par ces deux méridiens « curieux » ou « merveilleux » est la première étape de transformation de l'énergie dans la Voie Taoïste.*

L'entraînement dans cette position doit être très progressif, on commence par 5 minutes chaque jour et, selon le temps dont on dispose et l'endurance que l'on a, on augmente progressivement de 5 minutes chaque semaine jusqu'à 20-30 minutes chaque jour (les pratiquants chevronnés peuvent aller jusqu'à 1 heure...).

Cette position a pour but " d'apaiser le cœur et l'esprit ". Dans cette forme, on joue sur l'endurance, et la respiration est dirigée vers le Hara (Dan Tian en chinois).

Cette forme est utilisée en Chine actuellement pour fortifier les malades souffrant de maladies chroniques avec baisse de l'énergie vitale.

<u>5. La danse des Signes :</u>

La danse des signes est un rééquilibrage énergétique de tout l'organisme.

En position assise sur une chaise ou en posture de méditation, les mains jointes au niveau de votre poitrine (Gâssho), appelez l'énergie du Soleil tout en visualisant dans le même temps son symbole à plat (☉) descendant du ciel, au-dessus du sommet du crâne, et venant se placer au niveau de votre Centre Cardiaque au creux de la poitrine. Maintenez votre esprit à l'écoute exclusive de vos sensations (pratique du silence intérieur).

Le symbole du Soleil descend toujours à plat jusqu'au niveau du Cœur qui s'élargit avec la respiration ventrale jusqu'à la bande zodiacale que vous visualiserez tout autour de vous.

Maintenant, récupérez avec vos mains l'énergie de chaque signe en face de vous et amenez-la sur la partie du corps qui lui correspond tout en maintenant votre esprit de la même manière (pratique du silence intérieur) :

1. sommet de la tête + tempes (BÉLIER - ♈)

2. visage (mains côte à côte) (BÉLIER - ♈)

3. nuque (mains l'une au-dessus de l'autre) (TAUREAU - ♉)

4. cou (mains en collier) (TAUREAU - ♉)

5. épaules (une main sur l'épaule opposée, l'autre soutenant le coude correspondant) (GÉMEAUX - ♊)

6. poumons (bras croisés sur la poitrine) (GÉMEAUX - ♊)

7. cœur (mains croisées l'une sur l'autre) (LION - ♌)

7bis. dos et selon la souplesse de vos épaules (une main sur le coccyx et l'autre sur la 7ème cervicale - la bosse en haut du dos (LION- ♌)

8. estomac (mains superposées) (CANCER - ♋)

9. intestin grêle (main droite sur le Hara et la gauche au-dessus du nombril) (VIERGE - ♍)

10. reins (mains posées dans le dos) (BALANCE - ♎)

11. gros intestin + ovaires/testicules (mains en V sur le bas-ventre) (SCORPION - ♏)

12 & 13. cuisses (une main sur chaque face de chaque cuisse) (SAGITTAIRE - ♐)

14 & 15. genoux (une main sur chaque face de chaque genoux) (CAPRICORNE - ♑)

16 & 17. mollets (mains superposées) (VERSEAU - ♒)

18 & 19. pieds (une main sur la plante et l'autre sur le coup de pied de chacun des pieds) (POISSONS – ♓).

L'attitude d'esprit à conserver est de rester dans la SENSATION du CONTACT de vos MAINS avec votre corps et de ne pas suivre les pensées qui surgissent, ni les rejeter et lorsque vous vous apercevez que votre esprit vagabonde revenez simplement et avec DOUCEUR et SANS AUCUN JUGEMENT à la SENSATION du CONTACT de vos MAINS.

Terminez votre séance en joignant à nouveau vos mains l'une contre l'autre au niveau de votre poitrine (Gâssho) quelques instants tout en visualisant le symbole du Soleil vertical au creux de votre poitrine et remerciez la Vie.

<u>6. La danse des Roues de feu :</u>

La danse des roues de feu est une méthode de rééquilibrage énergétique des principaux centres de force ou roues de feu (chakras dans la tradition hindoue) de l'homme.

Le début de cette pratique est le même que pour la danse des signes, vue précédemment.

En position assise sur une chaise ou en posture de méditation, les mains jointes au niveau de votre poitrine (Gâssho), appelez l'énergie du Soleil tout en visualisant dans le même temps son symbole (⊙) à plat descendant du ciel, au-dessus du sommet du crâne, et venant se placer au niveau de votre Centre Cardiaque au creux de la poitrine. Maintenez votre esprit à l'écoute exclusive de vos sensations (pratique du silence intérieur).

Le symbole du Soleil descend toujours à plat jusqu'au niveau du Cœur qui s'élargit avec la respiration ventrale jusqu'au Système Solaire dont vous visualiserez les planètes tourner tout autour de vous, comme si vous étiez vous-même leur Soleil central.

Maintenant, récupérez avec vos mains l'énergie de chaque planète en face de vous et amenez-la sur le centre de force qui lui correspond tout en maintenant votre esprit de la même manière (pratique du silence intérieur) :

1. Centre Couronne : les deux mains superposées sur le sommet de la tête (SOLEIL - ☉)

2. Centre Frontal : une main en travers sur le front et l'autre derrière la nuque (LUNE - ☽)

3. Centre Laryngé : les deux mains l'une sur l'autre recouvrant votre gorge (MERCURE - ☿)

4. Centre Cardiaque : les deux mains superposées en Croix en X dans le creux de la poitrine (VÉNUS - ♀)

5. Centre Solaire : les deux mains superposées l'une sur l'autre au creux de l'estomac sous le sternum (MARS - ♂ & PLUTON – ♇)

6. Centre Sacré : les deux mains superposées l'une sur l'autre au début du pubis (JUPITER – ♃ & NEPTUNE – ♆)

7. Centre Racine : les deux mains superposées l'une sur l'autre dans l'entrejambe entre le sexe et l'anus (SATURNE - ♄ & URANUS – ♅).

L'attitude d'esprit à conserver est de rester dans la SENSATION du CONTACT de vos MAINS avec votre corps et de ne pas suivre les pensées qui surgissent, ni les rejeter et lorsque vous vous apercevez que votre esprit vagabonde revenez simplement et avec DOUCEUR et SANS AUCUN JUGEMENT à la SENSATION du CONTACT de vos MAINS.

Terminez votre séance en joignant à nouveau vos mains l'une contre l'autre au niveau de votre poitrine (Gâssho) quelques instants tout en visualisant le symbole du Soleil vertical au creux de votre poitrine et remerciez la Vie.

<u>7. Méditation des Quatre éléments :</u>

Contrairement aux méditations assises précédentes, cette méditation se fait debout et en mouvement. Nous avons vu précédemment que chaque signe astrologique est issu d'une combinaison entre un élément et un mode vibratoire. Ainsi les 12 SIGNES ASTROLOGIQUES sont issus de la combinaison des 4 éléments (TERRE – EAU – AIR & FEU) et des 3 modes vibratoires (CARDINAL – FIXE & MUTABLE).

Cette pratique va rééquilibrer vos éléments constitutifs de vos corps subtils par résonance en appliquant la méthode du «Comme si ... » qui met en jeu votre aptitude de visualisation ainsi que votre imagination créatrice.

Prenez la position debout, les pieds écartés de la largeur des épaules (comme pour la posture « embrasser l'arbre » vue précédemment, les mains jointes au niveau de votre poitrine (Gâssho), appelez l'énergie du Soleil tout en visualisant dans le même temps son symbole (☉) à plat descendant du ciel, au-dessus du sommet du crâne, et venant se placer au niveau de votre Centre Cardiaque au creux de la poitrine. Maintenez votre esprit à l'écoute exclusive de vos sensations (pratique du silence intérieur).

Puis au bout de quelques respirations ventrales, visualisez la TERRE sur laquelle vous vous tenez debout en cet instant.

Imprégnez tous vos sens des caractéristiques de la TERRE :
COULEUR MARRON – STABILITÉ – FERMETÉ – CONTENANT –
LENTEUR – RIGUEUR – FIDÉLITÉ – CONFIANCE.

Puis essayez maintenant d'exprimer ces mêmes caractéristiques à
travers vos gestes, votre attitude corporelle, vos déplacements.
INCARNEZ la TERRE. Ensuite faites la même chose avec l' EAU qui
constitue près de 65 % de votre corps en ce moment même. De la
même manière, imprégnez tous vos sens des caractéristiques de l'
EAU : COULEUR VERTE – FLUIDITÉ – MOUVANCE – MOUILLÉE –
ADAPTABILITÉ – ÉMOTION - SENSIBILITÉ.

Essayez maintenant d'exprimer ces mêmes caractéristiques à
travers vos gestes, votre attitude corporelle, vos déplacements.
INCARNEZ l'EAU.

Faites de même avec l' AIR qui remplie vos poumons ainsi que
tous les espaces à l'intérieur de votre corps. De la même manière,
imprégnez tous vos sens des caractéristiques de l' AIR : COULEUR
BLEUE – MOBILITÉ – AÉRIEN – MOUVEMENT – CURIOSITÉ –
PENSÉE – RÉFLEXION – COMMUNICATION.

Essayez maintenant d'exprimer ces mêmes caractéristiques à
travers vos gestes, votre attitude corporelle, vos déplacements.
INCARNEZ l'AIR.

Même chose avec le FEU qui constitue l'énergie de votre corps. De la même manière, imprégnez tous vos sens des caractéristiques du FEU : COULEUR ROUGE – LUMIÈRE – CHALEUR – ÉNERGIE – ACTIVITÉ – ACTION – PASSION – AUTORITÉ – SPIRITUALITÉ.

Essayez maintenant d'exprimer ces mêmes caractéristiques à travers vos gestes, votre attitude corporelle, vos déplacements. INCARNEZ le FEU.

8. Méditation de la Spirale Solaire :

La Spirale Solaire est une méthode de rééquilibrage énergétique des principaux courants majeurs d'énergie (à rapprocher des méridiens en Qi Gong chinois et du système des nâdis dans la tradition hindoue) qui parcourent les corps énergétiques de l'homme.

Le début de cette pratique est le même que pour la danse des signes et la danse des roues de feu vues précédemment.

En position assise sur une chaise ou en posture de méditation, les mains jointes au niveau de votre poitrine (Gâssho), appelez l'énergie du Soleil tout en visualisant dans le même temps son symbole (☉) à plat descendant du ciel, au-dessus du sommet du crâne, et venant se placer au niveau de votre Centre Cardiaque au creux de la poitrine. Maintenez votre esprit à l'écoute exclusive de vos sensations (pratique du silence intérieur).

Faites descendre le symbole du Soleil en spirale dans le sens antihoraire sur l'expiration depuis le Centre Couronne au sommet du crâne jusqu'au Centre Racine (le fondement) puis remontez sur l'inspiration de la même manière en spirale mais cette fois dans le sens horaire jusqu'au Centre Couronne au sommet du crâne. Faites cela sur 7 cycles respiratoires sans forcer la respiration.

9. Méditation de l'Étoile Polaire :

Cette pratique vise à renforcer le lien entre l'Âme et la personnalité en mettant en contact votre énergie et les symboles astrologiques au sein de votre conscience, mais à la différence du Voyage intérieur habituel au cours duquel votre conscience reste passive, celle-ci reste à la fois active et réceptive. Cette méditation dure entre 20 et 30 minutes.

- préparation → prenez votre posture de méditation habituelle, le dos vertical mais sans appui, la nuque étirée en rentrant légèrement le menton, assis sur une chaise les pieds bien à plat sur le sol ou assis en posture sur un coussin à même le sol. Les paumes de vos mains posées sur vos genoux. Ainsi que les consignes habituelles pour ne pas être dérangé (débrancher le téléphone, fermer la porte, etc.).

Une fois assis en posture, fermez les yeux et faites quelques respirations ventrales calmement, le temps de contacter le silence intérieur, en posant votre esprit seulement sur vos perceptions sensorielles. Votre esprit sera maintenu dans le Silence intérieur durant toute la méditation.

<u>1ère phase :</u> le symbole du Soleil ☉ →

- visualisez le symbole du Soleil ☉ droit en face de votre poitrine et aussi derrière entre les deux omoplates ;

- puis visualisez un axe reliant le point central de chaque symbole et qui traverse votre chakra cardiaque et restez quelques minutes dans la sensation d'être transpercée par la Lumière solaire ;

- ensuite visualisez le symbole du Soleil ☉ à plat au-dessus de votre centre couronne (au sommet de votre crâne), laissez-le descendre le long de votre axe vertical, chakra après chakra jusqu'à vos pieds. Le point central du symbole devenant l'axe vertical de votre corps et le cercle du symbole irradiant la couleur correspondante à chaque chakra comme suit :

centre couronne → lumière violette éclatante

centre frontal → lumière indigo éclatante

centre laryngé → lumière bleu ciel éclatante

centre cardiaque → lumière vert émeraude

centre solaire → lumière jaune d'or éclatante

centre sacré → lumière orange éclatante

centre racine → lumière rouge éclatante.

- une fois que la visualisation est complète enclenchez une rotation de votre axe corporel sur lui-même dans le sens horaire durant quelques instants ;

- enfin visualisez le symbole du Soleil ☉ à plat au niveau du centre cardiaque et sentez-le se déployer en une sphère lumineuse qui va finir par envelopper tout votre corps ;

- et pour finir cette phase, vous allez réduire la sphère à son symbole solaire ☉ toujours à plat jusqu'à votre œil droit et resterez quelques instants dans vos perceptions sensorielles à cet endroit.

2ème phase : le symbole de la Lune ☽ →

- visualisez le symbole de la Lune couché pointes vers le bas au-dessus de votre centre couronne (au sommet de votre crâne), laissez-le descendre le long de votre colonne vertébrale, vertèbre après vertèbre jusqu'à votre coccyx ;

- restez quelques instants dans le fondement de votre axe en présence du symbole de la Lune que vous allez faire se retourner les pointes vers le haut puis laissez ce symbole remonter le long de votre colonne vertébrale, vertèbre après vertèbre jusqu'à l' occiput ;

- enfin vous allez faire remonter le symbole de la Lune dans sa position verticale normale jusqu'à votre œil gauche et resterez quelques instants dans vos perceptions sensorielles à cet endroit.

3ème phase : le symbole de Vénus ♀ →

- visualisez le symbole de Vénus ♀ face à vous au niveau de votre chakra cardiaque et faites-le aller-et-venir dans tous les trois axes principaux de votre corps : axe vertical, axe transverse et axe sagittal (comme indiqué sur le dessin de la page suivante) ;

- puis invitez les symboles du Soleil ☉ et de la Lune ☽ à quitter vos yeux pour se fondre progressivement dans le symbole de Vénus ♀ et restez quelques instants dans vos perceptions sensorielles.

Cette méditation, à pratiquer une fois par semaine, tire sa force de la tradition christique originelle dans laquelle les anciens appelaient Vénus du nom de Lune-Soleil car elle était la première étoile à apparaître dans le ciel (étoile polaire) entre la Lune et le Soleil. Vénus symbolise en astrologie l'Amour, l'affectivité, la sensibilité sensorielle et gouverne les signes du Taureau (la Volonté) et de la Balance (l'Équilibre) ; l'Union parfaite des deux polarités symbolisées par le Soleil (masculin) et la Lune (féminin).

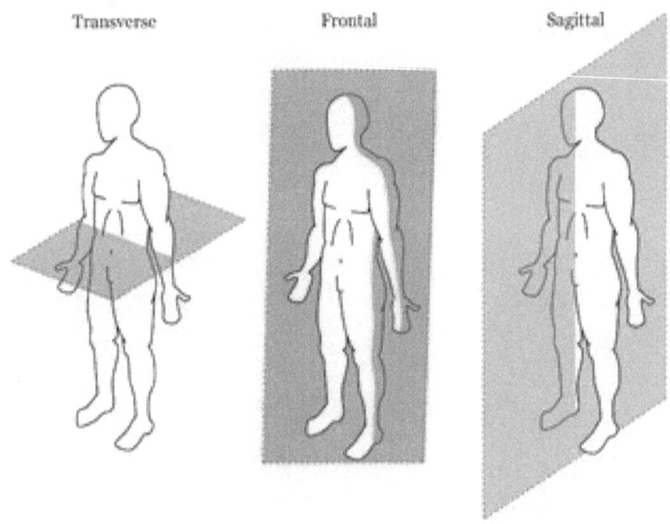

- puis invitez les symboles du Soleil ☉ et de la Lune ☽ à quitter vos yeux pour se fondre progressivement dans le symbole de Vénus ♀ et restez quelques instants dans vos perceptions sensorielles.

Cette méditation, à pratiquer une fois par semaine, tire sa force de la tradition christique originelle dans laquelle les Anciens appelaient Vénus du nom de Lune-Soleil, car elle était la première étoile à apparaître dans le ciel (étoile polaire) entre la Lune et le Soleil. Vénus symbolise en astrologie l'Amour, l'affectivité, la sensibilité sensorielle et gouverne les signes du Taureau (la Volonté) et de la Balance (l'Équilibre) ; l'Union parfaite des deux polarités symbolisées par le Soleil (masculin) et la Lune (féminin).

- Liens -

- Pour approfondir les pratiques du bouddhisme tibétain, je vous conseille de vous adresser à des Lamas reconnus tels qu'au Temple des Mille Bouddhas – Paldenshangpa à La Boulaye - http://www.paldenshangpa-la-boulaye.com/ ou tout autre centre bouddhiste reconnu par la tradition.

- Pour approfondir la pratique du Qi Gong, voici plusieurs ouvrages de référence :

- "Entrez dans la pratique du Qi Gong" - Ke Wen aux éditions Le Courrier du Livre

- "À la découverte du Qi Gong" / "Les Mouvements du Bonheur" / "Qi Gong des 12 méridiens" - Yves Réquéna aux éditions Guy Trédaniel.

VII. Pratiques avancées

<u>Préparation du support :</u>

Tout d'abord, vous allez découper les trois planches de cartes astrologiques à la fin de cet ouvrage (Annexes 12a-12b-12c et 12d).

Puis vous les collerez sur un support cartonné et ensuite vous les découperez une à une en suivant leurs contours. Le jeu complet comporte 24 cartes = 12 signes + 12 planètes.

Pour les trois méditations qui suivent, la préparation sera la même. Vous veillerez à garder le jeu des cartes astrologiques à portée de main.

<u>a. préparation :</u>

- retirez-vous dans une pièce où vous ne serez pas dérangé(e) - au besoin prévenez vos proches de ne pas vous déranger pendant le temps de votre méditation ;

- coupez toutes sources de bruits (smartphone, téléphone, sonnette, TV, musique, etc.) ;

- la durée de votre séance sera idéalement de 20 à 45 minutes selon vos capacités.

<u>b. la posture :</u>

- tenue vestimentaire doit être confortable sans être serrée ;

- enlevez bijoux, colliers, montre et tout ce qui peut serrer taille, poitrine, chevilles ou poignets afin de laisser la libre circulation à l'énergie ;

- asseyez-vous dans la posture de votre choix sur une chaise ou sur un coussin ;

- maintenez le dos droit et la nuque étirée en abaissant légèrement le menton, les mains posées à plat sur les cuisses, les épaules légèrement tirées en arrière.

<u>c. calmez l'esprit :</u>

- gardez les yeux ouverts et portez le regard à l'horizontal devant vous sur un point imaginaire dans l'espace ;

- puis placez votre conscience sur votre respiration sans aucune intervention de votre part, il s'agit de rester quelques minutes simplement dans la PRÉSENCE du SOUFFLE ;

- pendant quelques minutes, exercez-vous à ne pas suivre les pensées qui surgissent, ni à les rejeter.

<u>d. alignement avec l'âme :</u>

L'alignement avec l'âme se fait en suivant les étapes suivantes :

1. élevez votre conscience dans le centre couronne légèrement au-dessus du sommet du crâne, visualisez en dessous de vous votre corps physique détendu et relaxé enveloppé du corps éthérique que vous visualiserez comme une fine couche de lumière brillante et scintillante ;

2. continuez le retrait de conscience au sommet du corps émotionnel ou astral que vous pouvez visualiser comme un grand sac translucide et calme comme un lac, réfléchissant la lumière de l'âme ;

3. poursuivez de même au sommet du corps mental que vous pouvez visualiser comme un grand volume de la couleur d'un ciel d'azur illuminé par la lumière de l'âme ;

4. puis, tout en maintenant votre point de vue élevé, visualisez la personnalité alignée, coordonnée et intégrée comme un tout et illuminée par la lumière de l'âme ;

5. et finalement élevez votre conscience encore plus haut dans l'âme rayonnant et irradiant lumière et Amour dans la personnalité toute entière.

- une fois l'alignement intérieur avec l'âme réalisé, restez quelques instants identifié à l'Âme en plaçant votre conscience soit dans la Tête soit dans le Cœur selon votre choix.

<u>1. Méditation avec les cartes astrologiques :</u>

Vous pourrez utiliser cette méditation essentiellement lorsque vous souhaiterez trouver une solution à une situation présente dans votre vie ou un point particulier qui vous pose question.

<u>1er niveau :</u>

- une fois l'alignement avec l'âme réalisé et après avoir placé votre conscience dans la tête pensez soigneusement à votre questionnement et clarifiez-le dans votre mental ;

- puis déplacez votre conscience dans le cœur et visualisez-y un grand « ? ». Puis prenez vos cartes et battez-les dans tous les sens et tirez UNE carte que vous disposerez devant vous ;

- regardez bien la carte et visualisez-la en face de vous à hauteur de votre regard, puis posez simplement votre esprit sur le symbole sans chercher à l'analyser, juste poser l'esprit dessus et détendez-vous ;

- tout comme dans la méditation du calme mental, pendant quelques minutes, exercez-vous à ne pas suivre les pensées qui surgissent, ni à les rejeter et dès que votre esprit est distrait, revenez simplement au symbole.

Vous pouvez étiqueter votre « dérapage » par « PENSER », puis SANS AUCUN JUGEMENT et avec DOUCEUR revenez simplement à la PRÉSENCE du SYMBOLE.

Au début, commencez par ne tirer qu'une seule carte. Puis lorsque cette pratique sera plus facile et que votre maintien dans la posture sera aisé, vous pourrez tirer trois cartes.

2ème niveau :

- répétez les points précédents puis tirez trois cartes consécutivement selon la convention ci-dessous. Vous disposerez ces trois cartes devant vous.

1. la 1ère carte indiquera dans quel état intérieur vous étiez avant l'évènement (le PASSÉ);

2. la 2nde carte indiquera votre état intérieur actuel (le PRÉSENT);

3. la 3ème carte indiquera votre état intérieur en devenir (le FUTUR);

- regardez bien les cartes l'une après l'autre puis dans l'ordre du tirage, puis visualisez-les en face de vous à hauteur de votre regard, une après l'autre quelques minutes chacune. Les consignes étant les mêmes que précédemment : posez simplement votre esprit sur le symbole sans chercher à les analyser, juste poser l'esprit dessus et détendez-vous ;

- ensuite vous jouerez avec elles en laissant votre esprit les combiner comme il veut, découvrant les points communs entre les symboles sur le plan graphique, au début. Laissez faire votre créativité, les symboles se combineront entre eux au gré de votre dynamique intérieure.

- puis faites votre dédicace et remercier l'Âme.

Avec la pratique, vous vous apercevrez que votre vision se modifie, le regard que vous portez sur votre vie et sur vous-même va évoluer peu à peu. Il apparaîtra de plus en plus fréquemment des associations d'idées entre les symboles, aussi il est fortement conseiller de relire régulièrement la signification des symboles (Annexes 1 à 9). Juste les relire sans faire intervenir l'intellect.

2. Méditation sur le thème natal :

Avec cette méditation spécifique, vous allez rentrer dans le cœur de votre vie. Il vous faut tout d'abord vous munir de votre thème natal (que vous avez édité en suivant les indications de l'Annexe 10).

1er niveau :

Les consignes sont exactement les mêmes que les deux méditations précédentes :

- une fois l'alignement avec l'Âme réalisé et après avoir placé votre conscience dans la Tête pensez soigneusement à votre vie, votre personnalité, en un mot, à vous-même ;

- puis déplacez votre conscience dans le Cœur et visualisez-y un grand « ? ». Puis sans réfléchir et d'un geste prompt, pointez votre doigt sur votre thème natal qui est placé devant vous ;

- regardez bien le symbole que votre doigt a désigné et visualisez-le en face de vous à hauteur de votre regard, puis posez simplement votre esprit sur le symbole sans chercher à l'analyser, juste poser l'esprit dessus et détendez-vous ;

- tout comme dans la méditation du calme mental, pendant quelques minutes, exercez-vous à ne pas suivre les pensées qui surgissent, ni à les rejeter et dès que votre esprit est distrait, revenez simplement au symbole.

Vous pouvez étiqueter votre « dérapage » par « PENSER », puis SANS AUCUN JUGEMENT et avec DOUCEUR revenez simplement à la PRÉSENCE du SYMBOLE.

2ème <u>niveau :</u>

- pour ce second niveau vous pratiquerez de la même façon que précédemment en vous servant de votre thème natal ET du livre. Puis vous rajouterez le complément suivant : vous regarderez les liens directs dont dépend le symbole que votre doigt a pointé.

Prenons des exemples qui éclaireront mes propos :

- si le symbole pointé du doigt est un SIGNE astrologique ses liens immédiats se manifestent par l'ÉLÉMENT et le MODE VIBRATOIRE qui le composent (reportez-vous à l'Annexe 1 en fin du livre) ET aussi par la ou les planètes qui le gouverne(nt) : ses RÉGENTS (reportez-vous à l'Annexe 8 en fin du livre) → si vous travaillez avec le BÉLIER (♈) vous allez méditer sur le FEU et le mode CARDINAL et ensuite sur MARS (♂).

- si le symbole pointé du doigt est une PLANÈTE ses liens immédiats se manifestent par les SYMBOLES ARCHÉTYPAUX qui le composent (Annexes 2 & 3) ET aussi par le ou les signes

astrologiques qu'elle gouverne : son/ses DOMICILES (Annexe 8) →
si vous travaillez avec VÉNUS (♀) vous allez méditer sur le CERCLE
et la CROIX et ensuite sur le TAUREAU (♉) et la BALANCE (♎).

- si le symbole pointé du doigt est une MAISON astrologique ses
liens immédiats se manifestent par le SIGNE astrologique qui est
en analogie avec elle (Annexe 7) ET son/ses RÉGENTS (Annexe 8)
→ si vous travaillez avec la MAISON VIII vous allez méditer sur le
SCORPION (♏) et ensuite sur MARS (♂) et PLUTON (♇).

- si le symbole pointé du doigt est un ASPECT astrologique
(Annexe 9) ses liens immédiats se manifestent par les PLANÈTES
qu'il relie ET par les ÉLÉMENTS et les MODES VIBRATOIRES qui
composent les SIGNES astrologiques dans lesquels SONT les
PLANÈTES (Annexe 1 à 8) → si vous travaillez avec la
CONJONCTION (☌) de SATURNE (♄) avec MERCURE (☿) en
CANCER (♋) vous allez méditer sur ces deux PLANÈTES
séparément puis en les mélangeant ainsi que sur l'EAU et le mode
CARDINAL.

3. Méditation sur l'axe de vie :

Cette pratique se compose de deux parties, l'une graphique et
l'autre méditative et sur une progression de trois niveaux. Chaque
partie pouvant être faite à la suite l'une de l'autre ou bien à des
moments différents.

Pour la partie graphique, vous allez repérer sur votre thème natal
plusieurs symboles et les dessiner sur une feuille de papier autant
de fois que vous en avez besoin.

Après avoir aligné vos corps physique, astral et mental sur votre âme, l'attitude d'esprit est toujours la même, poser l'esprit sur le geste, sur la main, sur la forme qui naît sous votre crayon.

Vous allez donc travailler avec ce que l'on appelle en astrologie les indicateurs karmiques :

- le Nœud Sud de la Lune (☋) qui représente vos bagages karmiques, vos anciennes habitudes de fonctionner qui sont dépassées et qui doivent être transformées. Vous pouvez voir cette énergie sous la forme de valises trop lourdes car trop encombrées d'une multitude de choses devenues inutiles.

- le Nœud Nord de la Lune (☊) qui représente le but de cette incarnation, les nouvelles attitudes à développer, les nouvelles qualités à acquérir, les nouveaux buts à atteindre. Vos valises, une fois vidées vous pouvez les remplir d'autres choses ou bien encore continuer votre route sans aucune valise, à vous de voir.

- la Lune Noire (⚸) représente le sas de passage obligatoire entre le Nœud Sud de la Lune (I) et le Nœud Nord de la Lune (☊). En effet on sait ce que l'on quitte, mais on ne connaît pas ce vers quoi on va. D'un côté on éprouve un besoin impérieux de quitter les anciennes formes devenues handicapantes du fait qu'elles ont dépassées leur capacité d'enseignement tout en gardant un côté rassurant car archi connues. Et de l'autre côté, on aspire au changement, à la nouveauté avec le côté angoissant de ce qui nous est inconnu. La Lune Noire (⚸) concentre donc dans son énergie cette ambivalence permanente, cette attraction/répulsion et cette fascination/peur panique. La voie de résolution de cette ambivalence viscérale mais aussi spirituelle est de prendre conscience par l'irritation permanente provoquée par l'expérimentation quotidienne et sur des années des contraires qu'il existe une troisième option, un point de vue plus élevé à créer et particulier à chacun. Une nouvelle approche totalement différente à créer en découvrant le but de l'Âme pour cette incarnation et les suivantes qui lui sont liées.

<u>Pour le 1er niveau :</u>

- le Nœud Sud de la Lune (☋) en SIGNE et en MAISON ;

- le Nœud Nord de la Lune (☊) en SIGNE et en MAISON ;

- la Lune Noire (⚸) en SIGNE et en MAISON.

Ce qui donne dans notre thème d'exemple (Annexe 12) :

- un Nœud Sud de la Lune (☋) en GÉMEAUX (♊) et en MAISON XI ;

- un Nœud Nord de la Lune (☊) en SAGITTAIRE (♐) et en MAISON V ;

- une Lune Noire (⚸) en TAUREAU (♉) et en MAISON XI.

<u>Pour le 2ème niveau :</u>

- le Nœud Sud de la Lune (☋) en SIGNE et en MAISON ainsi que son/ses RÉGENT(S) ;

- le Nœud Nord de la Lune (☊) en SIGNE et en MAISON ainsi que son/ses RÉGENT(S) ;

- la Lune Noire (⚸) en SIGNE et en MAISON ainsi que son/ses RÉGENT(S).

Ce qui donne dans notre thème d'exemple :

- un Nœud Sud de la Lune (☋) en GÉMEAUX (♊) et en MAISON XI avec MERCURE (☿) comme régent ;

- un Nœud Nord de la Lune (☊) en SAGITTAIRE (♐) et en MAISON V avec JUPITER (♃) comme régent ;

- une Lune Noire (⚸) en TAUREAU (♉) et en MAISON XI avec VÉNUS (♀) comme régent.

<u>Pour le 3ème niveau :</u>

- le Nœud Sud de la Lune (☋) en SIGNE et en MAISON ainsi que son/ses RÉGENT(S) ET le SIGNE et la MAISON dans lesquels est ce(s) RÉGENT(S) ;

- le Nœud Nord de la Lune (☊) en SIGNE et en MAISON ainsi que son/ses RÉGENT(S) ET le SIGNE et la MAISON dans lesquels est(sont) ce(s) RÉGENT(S) ;

- la Lune Noire (⚸) en SIGNE et en MAISON ainsi que son/ses RÉGENT(S) ET le SIGNE et la MAISON dans lesquels est(sont) ce(s) RÉGENT(S).

Ce qui donne dans notre thème d'exemple :

- un Nœud Sud de la Lune (☋) en GÉMEAUX (♊) et en MAISON XI avec MERCURE (☿) comme régent lui-même en GÉMEAUX (♊) et en MAISON XII puis qu'il est en CONJONCTION dans le même signe mais pas dans la même maison ;

- un Nœud Nord de la Lune (☊) en SAGITTAIRE (♐) et en MAISON V avec JUPITER (♃) comme régent lui-même en POISSONS (♓) et en MAISON IX ;

- une Lune Noire (⚸) en TAUREAU (♉) et en MAISON XI avec VÉNUS (♀) comme régent elle-même en TAUREAU (♉) et en MAISON XI puis qu'elle est en CONJONCTION dans les mêmes signe et maison.

4. Méditation sur la mission de l'Âme :

Cette méditation s'appuie sur l'Astrologie Ésotérique et le thème de l'âme. Comme la précédente, cette pratique se compose de deux parties, l'une graphique et l'autre méditative et sur une progression de huit niveaux cette fois. Chaque partie pouvant être faite à la suite l'une de l'autre ou bien à des moments différents.

Pour la partie graphique, vous allez repérer sur votre thème natal plusieurs symboles et les dessiner sur une feuille de papier autant de fois que vous en avez besoin.

Après vous être aligné sur votre âme, l'attitude d'esprit est toujours la même, poser l'esprit sur le geste, sur la main et sur la forme qui naît sous votre crayon.

Pour la partie méditative, regardez bien la carte sur laquelle est inscrit le symbole choisi et visualisez-la en face de vous à hauteur de votre regard, puis posez simplement votre esprit sur le symbole sans chercher à l'analyser, juste poser l'esprit dessus et détendez-vous.

Tout comme dans la méditation du calme mental, pendant quelques minutes, exercez-vous à ne pas suivre les pensées qui surgissent, ni à les rejeter et dès que votre esprit est distrait, revenez simplement au symbole. Vous pouvez étiqueter votre «dérapage» par « PENSER », puis SANS AUCUN JUGEMENT et avec DOUCEUR revenez simplement à la PRÉSENCE du SYMBOLE.

Pour le 1er niveau :

- le Soleil (☉) indique la nature de l'homme physique, mental et spirituel. Il détient le secret du rayon de la personnalité et de la réaction ou de l'absence de réaction de l'homme à l'égard de l'âme, l'homme réel. Il indique également l'œuvre d'intégration déjà accomplie et le degré actuel de développement des qualités de l'âme, de son équipement disponible, de la qualité de la vie actuelle et des possibilités immédiates en matière de relations de groupe. Ce signe indique le problème actuel de l'homme ; il détermine le rythme ou le tempo de la vie de sa personnalité ; il est en connexion avec la qualité, le tempérament et les tendances de vie qui cherchent à s'exprimer pendant cette incarnation particulière ; il suggère l'aspect actif inné dans l'homme.

Fondamentalement, les forces indiquées par ce signe nous indiquent la ligne de moindre résistance.

Dans notre thème d'exemple le Soleil est dans le signe des Gémeaux (♊).

Pour le 2ème niveau :

- l' Ascendant (AS) indique les possibilités lointaines, ainsi que le but spirituel de l'incarnation présente et des incarnations qui suivront immédiatement. Le signe de l'Ascendant, indique la vie conçue par l'âme ou le but immédiat de l'âme pour cette incarnation. Il détient en lui le secret de l'avenir et offre la force qui, lorsque bien employée, conduira l'homme au succès. Il représente l'aspect harmonieux de la vie et il peut créer la relation juste entre l'âme et la personnalité en toute incarnation.

Ce signe nous indique la voie permettant de reconnaître la puissance de l'âme.

Dans notre thème d'exemple l'AS est dans le signe du Cancer (♋).

Pour le 3ème niveau :

- la Lune (☽) indique le type de force, provenant de certaines planètes et non pas de la lune, indique ce qui appartient au passé. Elle résume, par conséquent, les limitations et les obstacles actuels. Elle gouverne le corps physique et nous montre où se trouve la prison de l'âme.

Dans notre thème d'exemple la Lune est dans le signe de la Vierge (♍).

<u>Pour le 4ème niveau :</u>

Pour ce niveau, vous allez associer les trois symboles, et les laisser se révéler par le biais de votre intuition :

- le signe du Soleil (☉) qui indique les forces et les faiblesses de votre personnalité actuelle ;

- le signe de l'Ascendant (AS) qui indique le but immédiat de l'âme pour cette incarnation ;

- le signe de la Lune (☽) indique ce qui appartient au passé, les limitations et les obstacles actuels.

Dans notre thème d'exemple on aura donc :

- le signe du Soleil → les Gémeaux (♊) ;

- le signe de l'AS → le Cancer (♋) ;

- le signe de la Lune → la Vierge (♍).

Ce qui nous donne la 1ère dynamique suivante :

$$♊ \rightarrow ♋ \rightarrow ♍$$

Puisqu'il faut dépasser les anciens schémas obsolètes de la Lune, nous avons la 2nde dynamique suivante :

$$♊ \rightarrow ♍ \rightarrow ♋$$

Intuitivement, on voit immédiatement que le signe du Soleil et de la Lune sont gouvernés par le même régent planétaire Mercure (☿), et sont de plus tous les deux des signes mentaux. Le signe de l'AS qui révèle le but de l'âme, oriente vers un signe d'eau et émotionnel. Etc.

Pour les prochains niveaux, vous allez associer les signes et symboles des Régents correspondants :

<u>Pour le 5ème niveau :</u>

- le signe du Soleil (☉) qui indique les forces et les faiblesses de votre personnalité actuelle à un ou deux Régents orthodoxes (voir Annexe 9) ;

- le(s) signe(s) des Régent(s) orthodoxe(s) du signe du Soleil.

Ainsi, dans notre thème d'exemple on aura donc :

- le signe du Soleil → les Gémeaux (♊) ;

- le signe du Régent orthodoxe - Mercure (☿) → le signe des Gémeaux (♊) également.

Nous avons donc la suite de la personnalité →

☉ ♊ ☿ ♊

<u>Pour le 6ème niveau :</u>

- le signe de l'Ascendant (AS) qui indique le but immédiat de l'âme pour cette incarnation (voir Annexe 9) ;

- le signe du Régent ésotérique du signe de l'Ascendant.

Dans notre thème d'exemple on aura donc :

- le signe de l'Ascendant (AS) → le Cancer (♋) ;

- le signe du Régent ésotérique - Neptune (♆) → le signe du Bélier (♈).

Nous avons donc la suite de l'Âme →

$$♋ \quad ♆ \quad ♈$$

<u>Pour le 7ème niveau :</u>

- le signe de la Lune (☽) indique ce qui appartient au passé, les limitations et les obstacles actuels ;

- le(s) signe(s) des Régent(s) orthodoxe(s) du signe de la Lune.

Dans notre thème d'exemple on aura donc :

- le signe de la Lune → la Vierge (♍) ;

- le signe du Régent orthodoxe - Mercure (☿) → le signe des

Gémeaux (♊).

Nous avons donc la suite du Karma →

$$☽ ♍ ☿ ♊$$

Pour le 8ème niveau :

Pour ce niveau, vous allez maintenant associer tous les symboles dans l'ordre de la 2nde dynamique (Soleil → Lune → AS) et les laisser se révéler par le biais de votre intuition (comme dans les niveaux précédents) :

- le signe du Soleil (☉) qui indique les forces et les faiblesses de votre personnalité actuelle à un ou deux Régents orthodoxes + le(s) signe(s) des Régent(s) orthodoxe(s) du signe du Soleil ;

- le signe de la Lune (☽) indique ce qui appartient au passé, les limitations et les obstacles actuels + le(s) signe(s) des Régent(s) orthodoxe(s) du signe de la Lune ;

- le signe de l'Ascendant (AS) qui indique le but immédiat de l'âme pour cette incarnation + le signe du Régent ésotérique du signe de l'Ascendant.

Dans notre thème d'exemple on méditera donc sur la 2nde dynamique suivante :

- la suite de la personnalité → ☉ ♊ ☿ ♊

- la suite du Karma → ☽ ♍ ☿ ♊

- la suite de l'Âme → ♋ ♆ ♈

L'étape finale de cette méditation est de laisser les symboles s'organiser sous l'impulsion de l'Âme ce qui pourra se traduire par des visions, des couleurs, des intuitions, des perceptions diverses et variées, des éclairs de compréhension...

VIII. Pratiques supplémentaires

1. L' Astro-thérapie par les nombres :

L' Astrologie étant basée sur les nombres, nous pouvons utiliser ces nombres en compléments de l'interprétation du thème natal. Ou bien pour en savoir davantage sur une situation qui nous pose problème, nous prendrons alors la date du moment où l'on se pose la question (même principe que l'astrologie horaire ou le tirage de cartes - cf tableau page suivante).

a. la Croix Astrologique natale – la Pyramide cachée du thème natal :

L'Astrologie est une science ésotérique sacrée transmise par la Tradition Primordiale et elle se base sur la géométrie divine. Nous avons vu dans la deuxième partie de ce livre que les 12 signes astrologiques se répartissent en 4 groupes de 3 signes selon leur élément (Terre – Eau – Air – Feu). Et si l'on relie ces différents signes entre eux selon leur place dans le zodiaque nous révélons une PYRAMIDE dépliée, symbole de l'HOMME-DIEU sous la forme de l'ÉTOILE ou de la CROIX TEMPLIÈRE.

Nbre	Involution	Évolution	Mot clé	Signification
1	Poissons	Bélier	Principe	Début – naissance – commencement – le Suprême - l'Origine
2	Verseau	Taureau	Dualité	Opposition – complément – la dualité – tout ce qui est double
3	Capricorne	Gémeaux	Trinité	L'homme à l'image de Dieu est ternaire – le triangle divin – la structure par excellence
4	Sagittaire	Cancer	Manifes-tation	Matérialisation - manifestation
5	Scorpion	Lion	Pouvoir	La conscience ajoutée au carré → le centre, la force agissante – les 5 éléments (Terre-Eau-Air-Feu-Ether)
6	Balance	Vierge	Création	La création nouvelle – les 6 chakras corporels
7	Vierge	Balance	Réalisa-tion	L'Être a pris conscience de ses 7 chakras – le nombre des mondes, du Suprême au plus bas.
8	Lion	Scorpion	Involu-tion Évolu-tion	Le nombre de l'Infini – La Manifestation d'En haut (4) se penche sur la Manifestation d'en bas (4) qui s'élève vers Elle – le nombre de l'Incarnation – une Force descend et se manifeste (4) et réveille la force qui monte et qui se manifeste à son tour (4)

9	Cancer	Sagittaire	Gesta-tion	L'enfantement – la gestation pour une nouvelle naissance – le procédé même de la Création
10	Gémeaux	Capricorne	Expres-sion	Quelque chose s'exprime et s'établit – un cycle s'accomplit (les 10 doigts de l'homme et le système décimal)
11	Taureau	Verseau	Progrès	Après qu'un cycle se soit établi, que quelque chose se soit installé → un progrès est nécessaire pour que se poursuive l'évolution
12	Bélier	Poissons	Perfec-tion	La Perfection de la Création – la Force Divine – la Mère Divine – le pouvoir créateur – la manifestation (4) sur les trois mondes (3) – la Création (6) sous ses deux aspects complémentaires (2) – la Perfection dans la conception et dans la réalisation – le Pouvoir (5) qui se Réalise (7)

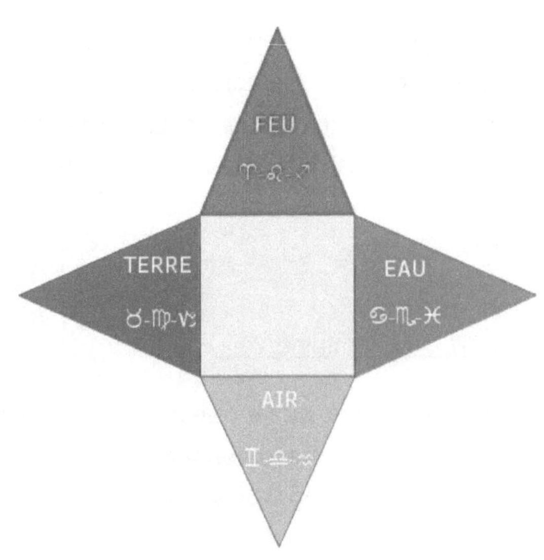

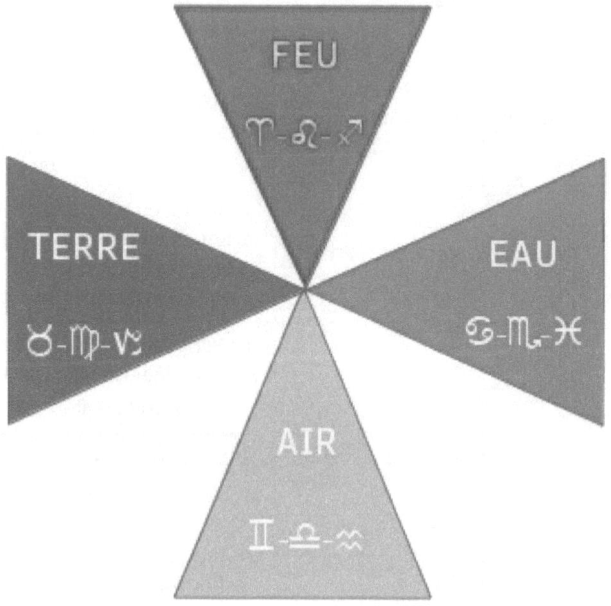

Ainsi, nous pouvons établir un thème natal sous la forme d'une Croix astrologique basée sur le Nombre 5 (Pyramide) à partir des Nombres sacrés contenus dans la date de naissance que nous allons convertir en Signes astrologiques. Nous verrons le calcul nécessaire un peu plus bas.

b. le Nombre Sacré du Chemin de Vie :

Pour calculer le nombre sacré que recèle une date de naissance ou une date particulière, il suffit d'additionner tels quels les chiffres les uns après les autres de la façon suivante :

Date d'exemple → le 15-12-1978

$$15$$
$$+ \ 12$$
$$\underline{+ \ 1978}$$
$$= 2005$$

Ensuite vous divisez la somme obtenue par 12 soit :

$$2005 \ / \ 12 = 167{,}083333333$$

Vous ne gardez que les chiffres AVANT la virgule soit :

$$167 \times 12 = 2004$$

Enfin, vous soustrayez ce dernier nombre à la somme du premier :

$$2005 - 2004 = 1$$

Le Nombre sacré est donc : 1.

<u>c. le Nombre Sacré de la Personnalité :</u>

Pour le calcul du Nombre sacré que recèlent votre nom de famille et vos prénoms, il vous suffit de convertir en valeur numérique toutes les lettres qui les composent en se basant sur le tableau ci-dessous, puis de procéder de manière similaire que précédemment :

1	2	3	4	5	6	7	8	9	10	11	12
A	B	C	D	E	F	G	H	I	J	K	L
M	N	O	P	Q	R	S	T	U	V	W	X
Y	Z										

Prenons l'exemple de Patrick Ducros :

P	A	T	R	I	C	K	D	U	C	R	O	S
4	1	8	6	9	3	11	4	9	3	6	3	7

$$4+1+8+6+9+3+11+4+9+3+6+3+7 = 74$$

que nous divisons par 12 soit : 74 / 12 = 6,16666666667

Comme précédemment nous ne gardons que le nombre AVANT la virgule soit : 6 , que nous allons multiplier par 12 ce qui nous donne :

$$6 \times 12 = 72$$

Nous soustrayons ce nombre à la 1ère somme trouvée soit :

$$74 - 72 = 2$$

Le nombre sacré du Nom de famille et du prénom est donc 2.

Dans notre exemple, nous pourrions donner deux types d'interprétation selon son niveau de conscience :

- s'il parcourt le chemin de l'évolution, sa destinée sera marquée par l'expression du Plan Divin et de la Volonté de son âme (Nombre sacré 1 de sa date de naissance / signe du Bélier) ainsi il affirmera mieux ses particularités au sein de ses relations (Nombre sacré 2 du nom et prénom) ;

- s'il parcourt le chemin de l'involution, sa destinée sera marquée par l'affirmation de son individualité au sein de toutes ses relations (Nombre sacré 1 de sa date de naissance / signe des Poissons).

d. <u>établissement de la Croix Astrologique natale :</u>

Pour utiliser cette méthode, il faut déterminer préalablement votre niveau de conscience, c'est-à-dire dans quel sens vous parcourez le zodiaque. Autrement dit, êtes-vous dans une voie d'Involution (des Poissons au Bélier) ou d'Évolution (du Bélier aux Poissons) .

Comme ceci est une chose très difficile à déterminer avec certitude - la personnalité doit être fortement infusée par l'Âme - nous tiendrons compte des deux sens et je vous invite à laisser parler votre intuition dans cet exercice.

Cette méthode s'appuie sur le calcul en base 12 (le zodiaque contient 12 signes astrologiques). Pour tout nombre supérieur à

12, il suffit de lui soustraire la valeur 12 et nous obtiendrons le signe astrologique correspondant. Voici donc la disposition des cartes et leur symbolique respective :

- la carte n°1 (à gauche) :

le Nombre du JOUR rapproché avec la roue zodiacale – sens involutionnaire et sens évolutionnaire. Sa symbolique est similaire à celle de l'Ascendant (AS) → la personnalité extérieure – l'apparence - la mission de l'âme – ce qui est POUR – les AIDES ;

- la carte n°2 (à droite) :

le Nombre du MOIS rapproché avec la roue zodiacale – sens involutionnaire et sens évolutionnaire. Sa symbolique est similaire à celle du Descendant (DS) → le rôle social que l'on montre à autrui – nos attentes vis-à-vis de l'autre –ce qui est CONTRE – les OBSTACLES ;

- la carte n°3 (en bas) :

Le Nombre du Chemin de Vie (la somme de la date complète) rapproché avec la roue zodiacale – sens involutionnaire et sens évolutionnaire. Sa symbolique est similaire à celle du Fond du Ciel (FC) → la personnalité la plus intime – notre comportement au sein de notre foyer – ce qui est CACHÉ ;

- la carte n°4 (en haut) :

le Nombre de l'ANNÉE rapproché avec la roue zodiacale – sens

involutionnaire et sens évolutionnaire. Sa symbolique est similaire à celle du Milieu du Ciel (MC) → l'image publique – le vernis social – ce qui est RÉVÉLÉ ;

<u>- la carte n°5 (au milieu) :</u>

Le Nombre de la SOMME de la DATE et du CHEMIN de VIE rapproché avec la roue zodiacale – sens involutionnaire et sens évolutionnaire. Sa symbolique est similaire à celle de la Lune Noire (LN) → l'identité profonde – l'ÂME – ce qui doit ÊTRE IMPÉRATIVEMENT sous peine de souffrances – ce qui est EN DEVENIR.

Carte n°4 :
l' Année de
la date

MC

$n^{ème}$ signe :

Pour

Carte n°1 :
le Jour de la
date

AS

$n^{ème}$ signe :

Carte n°5 :
Somme de la
date + CV

SYNTHÈSE
⚨

$n^{ème}$ signe :

Carte n°2 :
le Mois de la
date

DS

$n^{ème}$ signe :

Carte n°3 :
le Chemin
de Vie

FC

$n^{ème}$ signe :

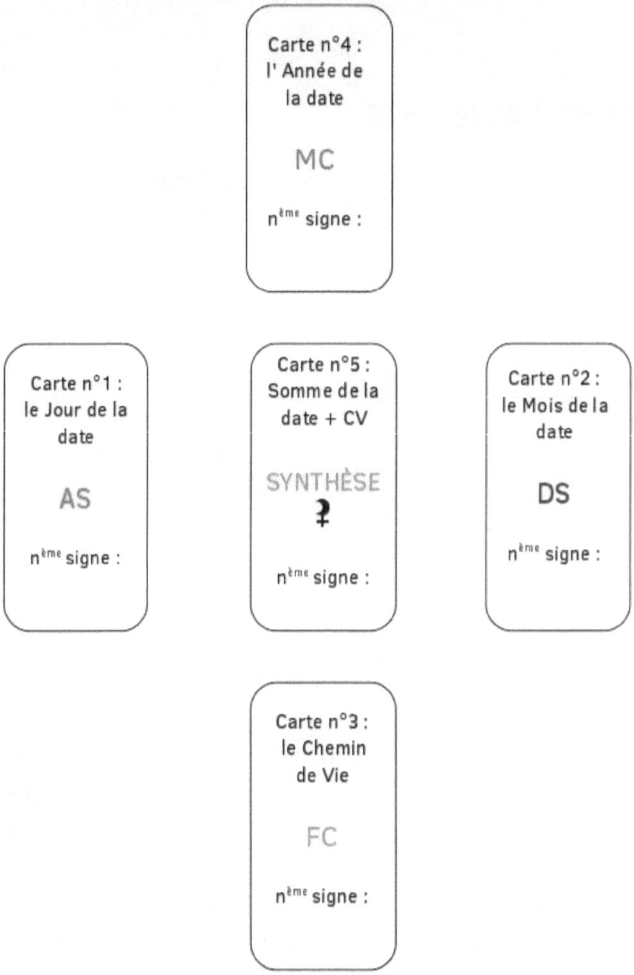

illustrer notre propos, prenons l'exemple d'une personne imaginaire née le 15-12-1978.

- la carte n°1 (à gauche) : → AS

le Nombre du Jour = 15 – 12 = 3 ème signe astrologique :

→ sens évolutionnaire = le signe des Gémeaux ♊

→ sens involutionnaire = le signe du Capricorne ♑.

- la carte n°2 (à droite) : → DS

le Nombre du Mois = 12 = 12 ^{ème} signe astrologique :

→ sens involutionnaire = le signe du Bélier ♈

→ sens évolutionnaire = le signe des Poissons ♓

- la carte n°3 (en bas) : → FC

le Nombre du Chemin de Vie (cf calcul au paragraphe I) =

1er signe astrologique :

→ sens involutionnaire = le signe des Poissons ♓

→ sens évolutionnaire = le signe du Bélier ♈

- la carte n°4 (en haut) : → MC

le Nombre de l'Année = 1978 réduit en base 12 selon la même technique de calcul qu'au paragraphe précédent, nous donne :

1978 / 12 = 164,833333333 dont nous ne gardons que le Nombre AVANT la virgule soit 164 → 164 x 12 = 1968 → 1978 – 1968 =

10ème signe astrologique :

→ sens évolutionnaire = le signe du Capricorne ♑

→ sens involutionnaire = le signe des Gémeaux ♊

- la carte n°5 (au milieu) : → ☽

le Nombre de Synthèse (date + chemin de vie) = 15+12+1978+1 = 2006 réduit en base 12 selon la même technique de calcul qu'au paragraphe précédent, nous donne 2006 / 12 = 167,166666667 dont nous ne gardons que le Nombre AVANT la virgule soit 167 → 167 x 12 = 2004 → 2006 – 2004 = 2ème signe astrologique :

→ sens évolutionnaire = le signe du Taureau ♉

→ sens involutionnaire = le signe du Bélier ♈

Nous pourrions interpréter ses résultats de la façon suivante :

→ dans le sens involutionnaire (l'Âme descend en incarnation) :

- la carte n°1 (à gauche) - AS : Capricorne ♑ → le chemin du natif risque d'être long, dur et marqué par la patience et le sens des responsabiltés.

- la carte n°2 (à droite) – DS : Bélier ♈ → il pourra être victime d'accidents ou d'agressions, car il aura tendance à foncer tête baissée sans réfléchir dans toutes ses relations, n'écoutant que ses désirs.

- la carte n°3 (en bas) - FC : Poissons ♓ → le natif possède une grande sensibilité qui lui fait ressentir très vivement les choses, ceci s'étant développé dans son milieu familial d'origine.

- la carte n°4 (en haut) - MC : Gémeaux ♊ → il se réalisera vraisemblablement dans une profession marquée par l'expression verbale ou écrite où les petits déplacements sont fréquents.

- la carte n°5 (au milieu) - ☊ : Bélier ♈ → il devra impérativement apprendre à affirmer son identité personnelle, malgré les avis contraires de la société et des autres.

→ dans le sens évolutionnaire (l'Âme parcours le sentier du retour) :

- la carte n°1 (à gauche) - AS : Gémeaux ♊ → le but imposé par l'Âme est que le natif déplace le foyer de sa conscience de la personnalité vers l'Âme.

- la carte n°2 (à droite) – DS : Poissons ♓ → le natif doit apprendre à reconnaître les liens spirituels dans toutes ses relations.

- la carte n°3 (en bas) - FC : Bélier ♈ → il possède un fort besoin d'imposer sa volonté intérieure à son mental.

- la carte n°4 (en haut) - MC : Capricorne ♑ → le but de cette incarnation est de s'élever spirituellement en mûrissant profondément.

- la carte n°5 (au milieu) - ☊ : Taureau ♉ → il doit révéler sa capacité naturelle à voir au-delà des apparences.

La Croix Astrologique natale de
notre personnage fictif né le 15-12-1978 :

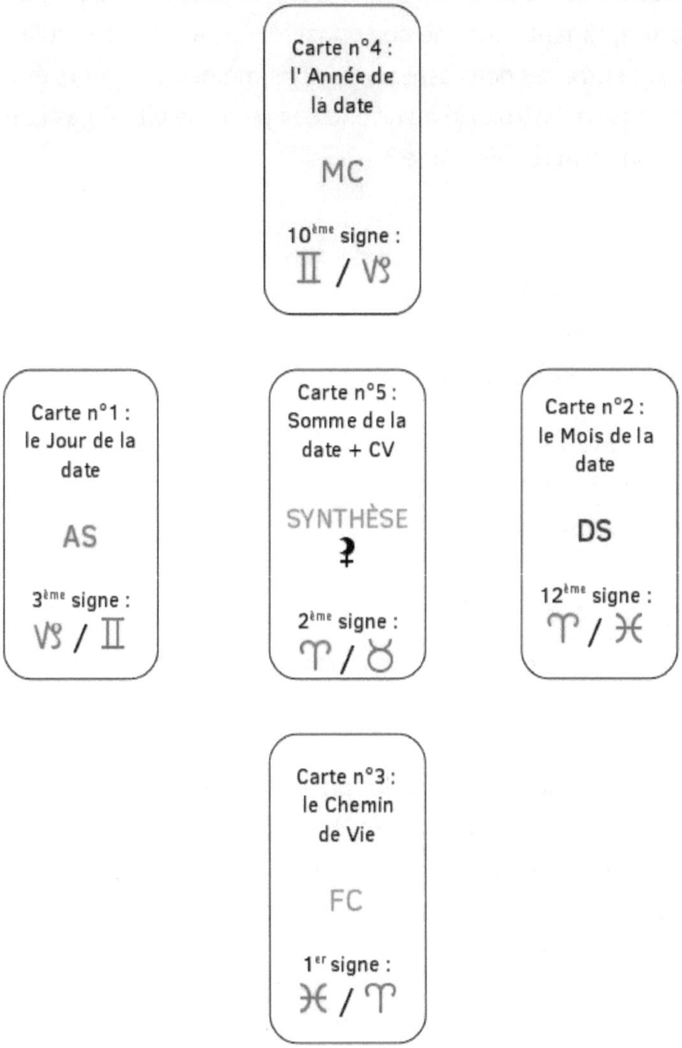

Carte n°4 :
l' Année de
la date

MC

10ᵉᵐᵉ signe :
♊ / ♑

Carte n°1 :
le Jour de la
date

AS

3ᵉᵐᵉ signe :
♑ / ♊

Carte n°5 :
Somme de la
date + CV

SYNTHÈSE
☿

2ᵉᵐᵉ signe :
♈ / ♉

Carte n°2 :
le Mois de la
date

DS

12ᵉᵐᵉ signe :
♈ / ♓

Carte n°3 :
le Chemin
de Vie

FC

1ᵉʳ signe :
♓ / ♈

2. Exercices des yeux :

Tout être incarné abrite en son sein une dualité essentielle : une Âme s'exprimant dans une personnalité. Ce lien très particulier existant entre ces deux aspects de nous-mêmes a toujours été indiqué dans l'astrologie au niveau des yeux. Ne dit-on pas que les yeux sont le miroir de l'Âme ?

L'astrologie traditionnelle fait correspondre l'œil gauche à la Lune et à l'Âme, tandis que l'œil droit est gouverné par le Soleil qui symbolise la personnalité.

Les deux exercices oculaires suivants sont très simples et visent à faciliter l'émergence de ce lien entre Âme et personnalité au sein de votre conscience.

- *Préparation* : pour chacun de ces exercices, au début, vous prendrez votre posture de méditation habituelle, le dos vertical mais sans appui, la nuque étirée en rentrant légèrement le menton, assis sur une chaise les pieds bien à plat sur le sol ou assis en posture sur un coussin à même le sol. Les paumes de vos mains posées sur vos genoux. Ensuite, lorsque les exercices deviendront plus aisés, je vous encourage à les pratiquer n'importe où dans votre vie quotidienne.

Vous placerez préalablement un objet quelconque (sacré de préférence) devant votre regard à une distance suffisante à la fois pour pouvoir accommoder votre vue dessus et aussi de telle façon que vous n'ayez pas à lever ou baisser la tête afin de maintenir l'alignement de votre colonne vertébrale.

Une fois assis en posture, faites quelques respirations ventrales calmement, le temps de contacter le silence intérieur, en posant votre esprit seulement sur vos perceptions sensorielles.

<u>1er exercice :</u>

<u>1ère *phase :*</u> vous allez jouer sur votre vision binoculaire.

Vous allez regarder l'objet placé en face de vous en vous obturant l'œil droit avec votre main droite ou plus simplement en fermant votre œil droit. Vous allez rester quelques instants en ne regardant que de l'œil gauche.

Puis vous allez ouvrir lentement l'œil droit tout en maintenant la vision de l'œil gauche, sans faire l'accommodation vers la vision binoculaire.

<u>2nde *phase :*</u> maintenant vous fermez les yeux et vous faites la même chose mais avec l'œil droit.

<u>3ème *phase :*</u> vous fermez les yeux et vous refaites le même exercice mais en ouvrant les deux yeux cette fois-ci tout en maintenant la vision séparée de chaque œil simultanément et sans tomber dans la vision binoculaire.

Pour éviter toute fatigue à vos yeux je vous encourage à commencer par 3 fois puis à augmenter progressivement jusqu'à neuf fois. Vous verrez qu'avec l'entraînement, l'exercice deviendra de plus en plus facile et rapide.

<u>2ème exercice :</u>

<u>*1ère phase :*</u> vous allez maintenant jouer sur votre vision spatiale. Vous regardez l'objet placé en face de vous en concentrant votre regard sur lui, en le scrutant de votre regard.

<u>*2nde phase :*</u> maintenant vous portez votre regard en vision panoramique qui consiste à voir l'objet en face de vous sans le scruter du regard et en portant votre attention sur un regard large et englobant à 180° devant vous.

<u>*3ème phase :*</u> alternez les deux phases précédentes plusieurs fois avant de pousser l'exercice plus avant.

<u>*4ème phase :*</u> maintenez simultanément la vision concentrée sur l'objet ET la vision panoramique.

Même consigne que pour le premier exercice, commencez par trois fois puis augmentez progressivement jusqu'à neuf fois. Faites attention à rester bien détendu durant la pratique de ces exercices.

Le premier exercice joue sur le couple des luminaires Lune (féminin) – Soleil (masculin) et le second sur l'axe Poissons (vision synthétique) - Vierge (vision analytique). Les deux travaillent sur le pont entre Âme et personnalité.

<u>3. Méditation de l'énergie :</u>

Fermez les yeux, commencez par calmer votre respiration (abdominale) en plaçant votre esprit sur la sensation de votre HARA à 3 travers de doigts sous le nombril et à 3 centimètres en profondeur environ dans votre abdomen.

Puis placez votre conscience dans votre soleil cardiaque au creux de votre poitrine et ramenez toutes vos dualités intérieures dans votre cœur :

FÉMININ/MASCULIN

ARRIÈRE/AVANT

BAS/HAUT

SURFACE/PROFONDEUR

PASSÉ/PRÉSENT

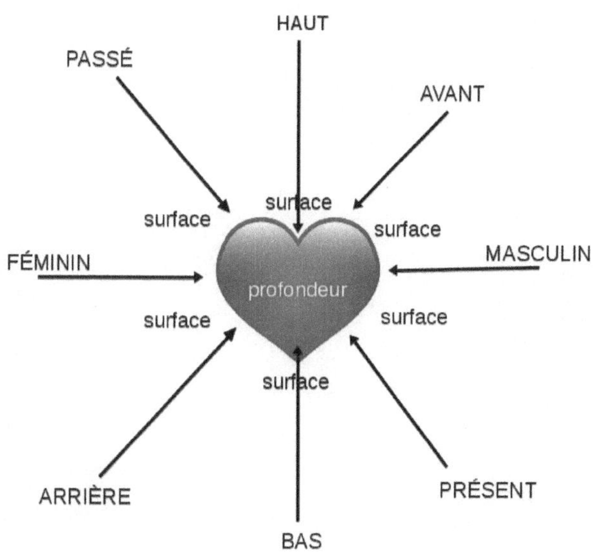

Prenez conscience que vous baignez dans l' AMOUR INCONDITIONNEL tout autour de vous et aussi en vous-même.

Sur l'INSPIRATION visualisez au-dessus de votre tête un RAYON DE LUMIÈRE BLANCHE émanant du ciel qui descend dans votre corps en entrant par le sommet de votre crâne et descend le long de votre axe central jusqu'à votre HARA.

Lors d'une courte période de RÉTENTION du SOUFFLE, votre HARA devient immédiatement une boule de LUMIÈRE qui IRRADIE instantanément dans tout votre CORPS et votre ÊTRE ;

Sur l'EXPIRATION la LUMIÈRE diffuse à l'extérieur de votre CORPS dans TOUTES les directions de l'espace.

Après avoir exécuté l'exercice sur plusieurs cycles respiratoires , remerciez la Vie.

IX. Ma pratique en Consultation individuelle

On me demande souvent comment je travaille en Astro-thérapie énergétique. Aujourd'hui, je vous propose donc de vous expliquer un peu plus précisément comment je procède.

Tout d'abord, je monte le thème natal sidéral de la personne pour avoir une base de travail concrète. Ce qui me permet d'observer la dynamique générale du thème de différents points de vue :

- la mission de l'Âme dans le cycle actuel d'incarnations ;

- les forces et les manques de la personnalité actuelle ;

- le rapport actuel de l'Âme avec la personnalité ;

- le karma véhiculé dans cette incarnation et les limites

fixées ;

- la problématique majeure de l'incarnation actuelle et le niveau de conscience que le sujet est en droit d'atteindre.

Ensuite, je propose à la personne une courte méditation d'alignement de la personnalité sur l'Âme et nous déterminons le «lieu» du thème natal à explorer.

J'utilise ensuite différentes techniques adaptées au sujet qui s'appuieront sur les combinaisons de symboles astrologiques particulières au thème du sujet. Ces techniques lui proposent de rééquilibrer ses différents véhicules au sein même de la personnalité (corps physico-étherique, émotionnel et mental) puis de renforcer le canal de connexion de l'Âme avec la personnalité. Ce qui, amène finalement, une conscience élargie et une meilleure expression de la Volonté de l'Âme dans la vie de l'individu.

Entre chaque séance, je lui propose, un ou plusieurs exercices qui viseront à renforcer le travail fait en séance, ce qui continuera de stimuler sa dynamique d'évolution.

Dans le cadre des ateliers, je propose différentes techniques au travers d'exercices simples à mettre en œuvre toujours en rapport avec le thème natal personnel. Ainsi, chaque atelier devient unique et les participants repartent avec des outils immédiatement productifs stimulant leur propre expérience de vie.

Bien sûr, dans la vraie vie, seul ce qui demande des efforts répétés dans le temps a une véritable valeur et apporte son lot de prise de conscience. La condition sine qua non étant de pratiquer régulièrement et les occasions quotidiennes ne manquent pas !

La symbolique des Éléments (Annexe 1)

Éléments	Symbolique	Plan d'expression
FEU	subtil-réchauffant-lumineux-éclaire-transforme	spirituel
AIR	mobile-rapide-aérien-relationnel-communicant	mental
EAU	liquide-mouvant-enveloppant-fluidité-illimitée	émotionnel
TERRE	solidité-dureté-pratique-structure-prudence-lenteur	matériel

La symbolique des Modes vibratoires

Modes	Caractéristiques	Nature
Cardinal	$1^{\text{ère}}$ phase : démarrage-début	impulsion
Fixe	$2^{\text{ème}}$ phase : milieu-concentration	cristallisation
Mutable	$3^{\text{ème}}$ phase : fin-transformation	changement

Éléments/Modes	Cardinal	Fixe	Mutable
FEU	Bélier	Lion	Sagittaire
AIR	Gémeaux	Balance	Verseau
EAU	Cancer	Scorpion	Poissons
TERRE	Taureau	Vierge	Capricorne

La symbolique des Planètes (Annexe 2)

Planète	Symbole	Correspondance	Révolution
Lune	☽	le croissant de la sensibilité	29 jours
Mercure	☿	le croissant de la réceptivité surmontant le cercle du potentiel non manifesté et illimité et dominant la croix de la matière (espace-temps)	87,97 jours
Vénus	♀	le cercle du potentiel non manifesté et illimité dominant la croix de la matière (espace-temps)	224,7 jours
Soleil	☉	le cercle du potentiel illimité comportant le point de la première impulsion	365 jours
Mars	♂	le cercle du potentiel non manifesté et illimité surmonté de la croix de la matière (espace-temps)	1 an 321 jours
Jupiter	♃	le croissant de la sensibilité surmontant la croix de la matière (espace-temps)	11 ans 314 jours
Saturne	♄	la croix de la matière (espace-temps) surmontant le croissant de la sensibilité	29 ans 167 jours
Uranus	♅	les croissants de la réceptivité accolés à la croix de la matière (espace-temps) et surmontant le cercle du potentiel non manifesté et illimité	87 ans 7 jours
Neptune	♆	le croissant de la réceptivité se confondant avec la croix de la matière (espace-temps) et surmontant le cercle du potentiel non manifesté et illimité	164 ans 280 jours
Pluton	♇	le cercle du potentiel non manifesté et illimité encadrant le croissant de la réceptivité et la croix de la matière (espace-temps)	248 ans

Signification des planètes (Annexe 3)

Planètes		Cycle	Maîtrise	Symbolique
Lune	☽	27 jrs et 7 h	Cancer	mère, belle-mère, la foule, mémoire, seins, psychisme, estomac, liquides physiologiques
Mercure	☿	87 jrs et 12 h	Gémeaux Vierge	frère, fils, messager, l'intelligence, mental, communication, échanges d' idées
Vénus	♀	224,7 jours	Taureau Balance	vessie, urine, équilibre, apaisement
Soleil	☉	365 jrs et 6 h	Lion	père, la divinité, l'amour, chaleur, lumière, connaissance
Mars	♂	1 an et 220 jrs	Bélier Scorpion	sang, accidents, agressions, fièvre
Jupiter	♃	11 ans et 86 jrs	Sagittaire Poissons	excès de tout, foie, colère, l'étrangeté, étranger, grosseur, l'obésité, confiance, foi
Saturne	♄	369 jrs et 16 h	Capricorne Verseau	père, beau-père, grands-parents, administration, os, articulations, genoux, restrictions, avarice, frustration, cadre, détachement, sagesse, sécheresse, culpabilité, rancune
Uranus	♅	29 ans et 165 jrs	Verseau	les autres, amitié, ouverture, vivacité d'esprit, intuition, innovation, originalité
Neptune	♆	164,79 ans	Poissons	vision, amour inconditionnel
Pluton	♇	247 ans et qq	Scorpion	organes sexuels, peurs, violence, mort, renaissance, transformation, sublimation

La symbolique des Signes par axes(Annexe 4)

Bélier → JE SUIS	Balance → NOUS SOMMES
Planète maîtresse : Mars	Planète maîtresse : Vénus
FEU + Cardinal	AIR + Cardinal
Tête (jusqu'à la mâchoire supérieure incluse) et cerveau	Bassin, hanches et reins
Impulsivité, action, volonté, désir	Recherche l'harmonie et l'équilibre
Impatient, violent, brutal, agressif, volontaire	Sociable, hésitant
Courageux, franc, sincère	Dilettante, sens de l'harmonie, sens de la justice
Énergique, colérique, fort, rapide	Sens de l'esthétisme
Qualités d'un meneur, coup d'éclat	Artiste, suiveur
Taureau → JE JOUIS DE LA VIE	**Scorpion→ NOUS JOUISSONS DE LA VIE**
Planète maîtresse : Vénus	Planètes maîtresses : Mars et Pluton
TERRE + Fixe	EAU + Fixe
Tête (à partir de la mâchoire inférieure incluse) et cou	Nez, anus et organes sexuels
Stabilité, solidité, matérialiste, inertie, lenteur	Doute, remise en question
Obstiné, étouffant, terre-à-terre, possessif	Esprit profond, perspicace, endurant, retors
Simple, peu imaginatif	Compliqué, torturé, douleur intense
Travailleur, tenace, nourricier	Intérêt pour les fondements de la vie, la mort, le sexe
Dons créatifs et oraux, Jouisseur invétéré	Chercheur, rédempteur

(Annexe 5)

Gémeaux → JE PENSE	Sagittaire → NOUS PENSONS
Planète maîtresse : Mercure	Planète maîtresse : Jupiter
AIR + Mutable	FEU + Mutable
Poumons, système respiratoire, bras, avant-bras, mains, communication	Hanches, cuisses, fesses, foie, vésicule biliaire, circulation artérielle
Assimilation, parole, expression verbale et gestuelle,	Bonté, générosité, optimisme, bon vivant
Dispersion, paradoxe, souplesse, adaptabilité	Sens de la conquête, maîtrise des instincts
Curiosité, habileté, intelligence vive,	Vanité, excès de pouvoir, excessivité
Adolescent, touche à tout, manuel, information	Idéalisme, spiritualité, religion, hautes études
Cancer → JE SENS	Capricorne → NOUS RÉALISONS
Planète maîtresse : Lune	Planète maîtresse : Saturne
EAU + Cardinal	TERRE + Cardinal
Matrice, plèvre, estomac, seins, peau, plexus solaire	Squelette, articulations, genoux
Gestation, engendrement, l'enfance	Dénuement, détachement, concentration, réflexion profonde, sagesse
Instinct maternel et familial dominants	Solitude, la forme matérielle, l'élévation sociale et spirituelle
Sensible, rêveur, imaginatif, très émotif	Recherche de l'essentiel, persévérance, la vieillesse, la sclérose, misanthrope, avarice
Rancunier, peureux, manque de sens des responsabilités	La tradition, le temps qui passe, la maturité

(Annexe 6)

Lion → J' AIME	Verseau → NOUS AIMONS
Planète maîtresse : Soleil	Planètes maîtresses : Uranus et Saturne
FEU + Fixe	AIR + Fixe
cœur, vertèbres dorsales, dos, chevelure	artères et veines, mollets
sentiments, connaissance, amour, chaleur, cœur des choses, centre commun à tout, le théâtre, le brillant, l'apparence, l'égocentrisme, la grandeur, lumière, clinquant,	l'ouverture d'esprit, l'amitié, le partage de la connaissance, l'évolution, vibrations, l'innovation, les nouvelles technologies, l'universalité
Ego, égocentrisme, égoïsme, roi	Altruisme, fraternité, humanité, grands groupes
Réalisation de soi, conscience de soi	Serviteur du Monde, conscience de groupe
Vierge → JE SERS	**Poissons NOUS SERVONS**
Planète maîtresse : Mercure	Planètes maîtresses : Jupiter et Neptune
TERRE + Mutable	EAU + Mutable
Intestin grêle et fonctions digestives	les pieds, le système lymphatique, psychisme
Angoisse existentielle, manies, calcul, réflexion, couper les cheveux en 4, obsession du détail, recherche de la pureté, hygiène, quotidien, limites, nettoyage, raison, discernement	Dévoué, intuitif, imaginatif, médium, hypersensible, mystérieux, mystique, spirituel, religieux, compassion, sagesse du Cœur
Méthodique, méticuleux, précis, ordonné	Perception globale, holistique, nébuleux
Humilité, service, soins techniques, critique	Sentimental, vulnérable, mythique
Animaux domestiques, serviteurs, économe	Sens de l'écoute, don de soi, sacrifice
Peur d'être floué, timidité, pudeur,	Maladie, souffrance, doute

La symbolique des Maisons (Annexe 7)

I	♈	Ascendant (AS) la personnalité – l'apparence - la mission de l'âme	l'identité de la personne; le corps physique
II	♉		les valeurs personnelles - les finances
III	♊		la communication - l'entourage immédiat (fratrie - collègues) - les études courtes - les petits déplacements - les 2 roues
IV	♋	Fond du Ciel (FC) la vie intérieure – notre comportement - au sein du foyer	la famille - le foyer d'origine - la mère - les biens immobiliers
V	♌		les relations sentimentales - les enfants - les spéculations - les créations
VI	♍		le travail obligatoire pour vivre – le quotidien - la vie domestique – les animaux de compagnie - les serviteurs - les limitations - la santé - l'hygiène de vie - la maladie
VII	♎	Descendant (DS) le rôle social que l'on montre à autrui - nos attentes vis-à-vis de l'autre	l'autre – l'union – les relations – les contrats
VIII	♏		les crises – les remises en question – la mort – les héritages – tout ce qui est occulté, caché
IX	♐		la spiritualité – la religion - les grandes études – les longs voyages - l'étranger – la médecine
X	♑	Milieu du Ciel (MC) l'image publique - le vernis social	la carrière professionnelle – la profession – le père – l'autorité – la reconnaissance sociale
XI	♒		l'avenir - les projets – les grands groupes – les amis – l'avant-garde
XII	♓		la vie intérieure – les lieux clos (hôpitaux, prisons, caves, etc.) - ennemis cachés – la fin du cycle – dettes à régler – maladie chronique

Les maîtrises planétaires (Annexe 8)

Planète maîtresse		Catégorie	Domicile		Maison	Zone du corps
Soleil	☉	Lumi-naires	Lion	♌	V	cœur vertèbres dorsales
Lune	☽		Cancer	♋	IV	poitrine
Mercure	☿	Planètes rapides ou planètes person-nelles	Gémeaux	♊	III	bras mains
			Vierge	♍	VI	ventre intestin grêle
Vénus	♀		Taureau	♉	II	cou - gorge
			Balance	♎	VII	bassin hanches
Mars	♂		Bélier	♈	I	tête mâchoire supérieure
			Scorpion	♏	VIII	nez organes sexuels
Jupiter	♃	Planètes lentes ou trans-person-nelles	Sagittaire	♐	IX	cuisses
			Poissons	♓	XII	pieds système lymphatique
Saturne	♄		Capricorne	♑	X	genoux – articulations - os
Uranus	♅		Verseau	♒	XI	mollets système veineux
Neptune	♆		Poissons	♓	XII	pieds système lymphatique
Pluton	♇		Scorpion	♏	VIII	nez organes sexuels

Les Régents planétaires (Annexe 9)

Signes	Régents orthodoxes (personnalité)		Régents ésotériques (Âme)	
♈	Mars	♂	Mercure	☿
♉	Vénus	♀	Vulcain	Υ +
♊	Mercure	☿	Vénus	♀
♋	Lune	☽	Neptune	♆
♌	Soleil	☉	Soleil	☉
♍	Mercure	☿	Lune	☽
♎	Vénus	♀	Uranus	♅
♏	Mars & Pluton	♂ & ♇	Mars	♂
♐	Jupiter	♃	Terre	⊕
♑	Saturne	♄	Saturne	♄
♒	Saturne & Uranus	♄ & ♅	Jupiter	♃
♓	Jupiter & Neptune	♃ & ♆	Pluton	♇

Les Aspects planétaires (Annexe 10)

Aspects		Valeur d'angle	Orbe (écart accepté)
conjonction	☌	0°	± 10°
sextile	✳	60°	± 6°
carré	□	90°	± 8°
trigone	△	120°	± 8°
quinconce	⊼	150°	± 2°
opposition	☍	180°	± 10°

Logiciels gratuits pour monter votre thème natal
(Annexe 11)

Voici une liste de logiciels d'astrologie gratuits qui fonctionnent sous Linux et/ou Windows et Macintosh. Quelque soit le logiciel utilisé il vous faudra paramétrer l'option : zodiaque sidéral avec un ayanamsa de – 24°41'05'' au 1er janvier 2000 (Fagan corrigé par Garth Allen).

<u>1°) sous Linux :</u>
- Maitreya 7 : http://www.saravali.de/download.html
→ [Date t0 → 2438396,0 / Ayanamsa à t0 → 24,233056]
- Openastro : http://openastro.org/?Home
- Morinus : https://sites.google.com/site/pymorinus

<u>2°) pour Windows sous Linux (émulateur Wine et/ou Play on Linux):</u>
- Zet 9 Lite : http://www.zaytsev.com/downloads.html
→ ayanamsa : -24° 41' 05"
- Astrolog32 : http://astrolog32.fr.softonic.com/

<u>3°) sous Windows:</u>
- Zet 9 Lite : http://www.zaytsev.com/downloads.html
→ ayanamsa : -24° 41' 05"
- Maitreya 7 : http://www.saravali.de/download.html
→ [Date t0 → 2438396,0 / Ayanamsa à t0 → 24,233056]
- Openastro : http://openastro.org/?Home
- Starfisher : http://www.starfisher.cz/starfisher/fr/download.htm
- Astrolog : http://www.astrolog.org/astrolog/astfile.htm
- What Watch : http://www.papertv.com/index.html
- Morinus : https://sites.google.com/site/pymorinus/
- Astrolog32 : http://astrolog32.fr.softonic.com/
- AstroWin : http://www.astrowin.org/astrowin.php
- SymSolon : https://sourceforge.net/projects/symsolon/files/

<u>4°) sous Apple Macintosh:</u>

- Zet 9 Lite : http://www.zaytsev.com/downloads.html →
ayanamsa : - 24° 41' 05"

- Maitreya 7 : http://www.saravali.de/download.html
→ [Date t0 → 2438396,0 / Ayanamsa à t0 → 24,233056]

- Morinus : https://sites.google.com/site/pymorinus/

- What Watch : http://www.papertv.com/index.html

- Astrolog : http://www.astrolog.org/astrolog/astfile.htm
et AstrologX http://yllan.org/app/AstrologX/

- Kairon : https://kairon.cc/

Cartes astrologiques (Annexe 12a)

Cartes astrologiques (Annexe 12b)

Cartes astrologiques (Annexe 12c)

Cartes astrologiques (Annexe 12d)

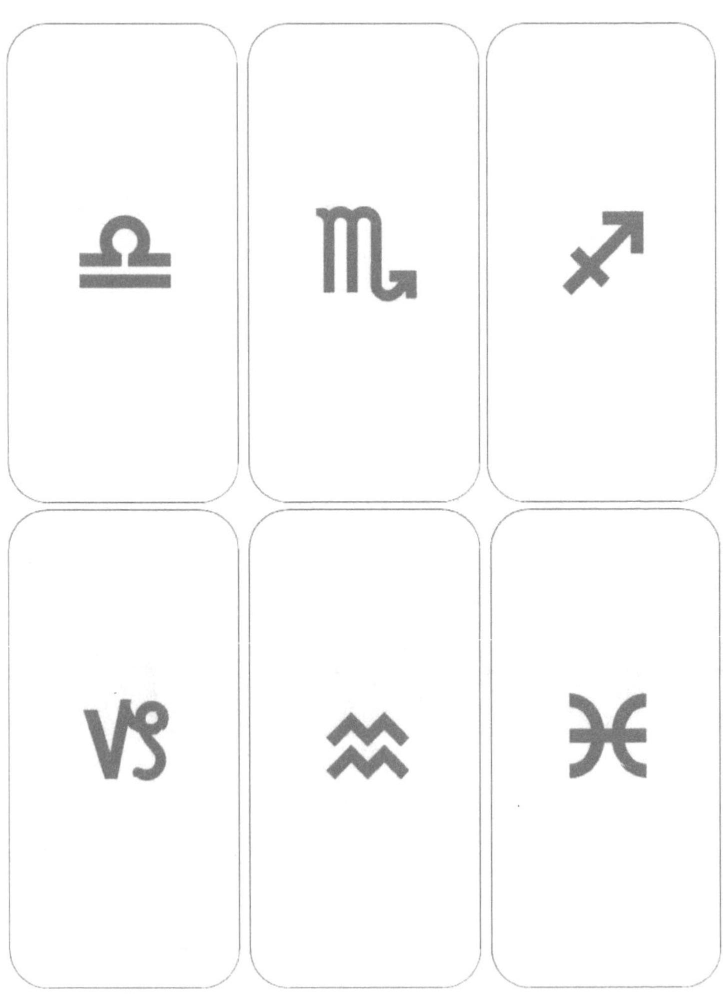

Thème natal d'exemple (Annexe 13)

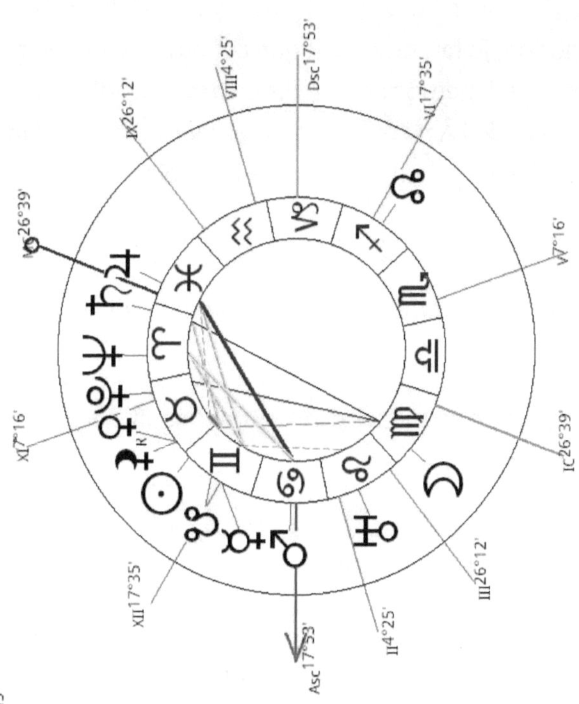

Conclusion : dédicace finale

En conclusion, je fais le souhait que cet ouvrage permette à tous les lecteurs qui mettront ces outils en pratique, d'illuminer leur vie de la lumière de l'Âme et ainsi réaliser leur partie du Plan divin qu'ils sont venus exprimer sur notre belle planète !

Et ainsi...

« Puissent tous les êtres connaître le bonheur et les causes du bonheur !

Puissent tous les êtres être délivrés de la souffrance et des causes de la souffrance !

Puissent tous les êtres ne jamais être séparés de la joie suprême qui est au-delà de la peine !

Puissent tous les êtres demeurer dans l'équanimité, libres de partialité, d'attachement et de haine ! »

Fraternellement.

Bibliographie

- Traité sur les Sept Rayons - Psychologie Esotérique - Volume I et II – Alice Ann Bailey – Éditions Lucis Trust.

- Lettres sur la Méditation Occulte - Alice Ann Bailey – Éditions Lucis Trust.

- À la découverte du Qi Gong - Yves Réquéna et Arys Panayotou aux Éditions Guy Trédaniel.

- Astrologie holistique – Pierre Lassalle – Éditions De Vecchi.

À Saint Baldoph en Savoie (France)
le 18 août 2016 (Pleine Lune du Lion)

«*Et la parole dit:*

Que d'autres formes existent. Je gouverne.
(sur le Sentier de l'incarnation)

Je suis Cela, et Cela c'est Moi.
(sur le Sentier du Retour).»

www.ingramcontent.com/pod-product-compliance
Lightning Source LLC
LaVergne TN
LVHW042110190726
843493LV00006B/1431